LA SCIENCE

ET LA RAISON HUMAINE,

EN PRÉSENCE DES MAUX ET DES DANGERS QUI MENACENT L'ORDRE SOCIAL;

Par M. LECERF,

Professeur honoraire à la Faculté de Droit de Caen.

CAEN,

Imprimerie de **DELOS**, rue Notre-Dame, 70,
cour de la Monnaie.

—

1851.

INTRODUCTION.

But et plan de l'Ouvrage.

Chargé par l'académie des sciences, arts et belles-lettres de Caen, dont j'ai l'honneur d'être membre, de lui rendre compte des douze productions publiées par l'académie des sciences morales et politiques de l'Institut de France, sous le titre modeste de *Petits Traités*, et contenues dans le 7e volume de ses mémoires, je les ai lues avec une scrupuleuse attention, et je puis ajouter avec un vif intérêt. Cette publication m'a paru l'un des plus graves phénomènes moraux qui se soient produits parmi les nations depuis que l'on s'occupe de civilisation, de philosophie, de politique et de morale. Que peut-on concevoir, en effet, de plus grand que le spectacle du corps qui renferme l'élite de la science et de la raison humaine, se posant devant le plus grand mal moral qui ait peut-être jamais existé, choisissant douze de ses principaux membres pour lui résister et pour l'attaquer, et ces dignes délégués déployant toutes leurs forces et tout leur courage pour répondre à la haute et honorable mission qui leur est confiée ? Ce fait n'est pas seulement grand en lui-même; mais il doit produire des conséquences et offrir des enseignements bien plus grands encore et bien plus importants. Quels seront les résultats de ce combat de la science et de la raison venant au secours de l'ordre et de la paix publics, contre le désordre, le trouble et l'anarchie ? Si l'ordre triomphe, on pourra compter sur cette science et cette raison pour le maintenir ; mais s'il ne triomphe pas, si la science et la raison humaine restent impuissantes pour combattre les attaques dirigées contre la société tout entière, que deviendra cette société? Aura-t-elle quelque secours à espérer? D'où pourra lui venir ce secours ? Ou bien n'aura-t-elle plus que la certitude de sa destruction et la résignation à cette terrible certitude ?

Après avoir médité sur ces graves questions, je crois avoir trouvé des solutions qui, au moins, doivent laisser de l'espérance ; je crois que si la raison et la science humaines ne peuvent pas seules s'opposer avec succès aux maux dont nous sommes menacés, elles peuvent le faire en s'aidant d'une institution et d'une puissance qui leur est supérieure Je crois de mon devoir de livrer le résultat de mes réflexions à l'examen et aux méditations de tous ceux qui prennent quelqu'intérêt au sort de la patrie, de la famille et des individus, et principalement de ceux qui sont appelés au gouvernement et à la direction de la chose publique.

Pour accomplir ce devoir, je vais examiner successivement dans cinq chapitres :

1° Quelle est la grandeur et l'importance de la publication des douze Traités faite par l'académie des sciences morales et politiques ;

2° Quelles conséquences et quels enseignements doivent nécessairement résulter de cette publication ;

3° Quel a été l'effet de cette publication ;

4° Pourquoi cet effet n'a-t-il pas répondu aux désirs de l'académie ;

5° Enfin quels moyens pourrait-on employer pour atteindre le but que l'on s'était proposé.

Voilà le sujet de cet ouvrage, et voilà le plan que je me propose de suivre pour le traiter. Je ne me dissimule pas la difficulté de l'entreprise. Je ne m'aveugle pas non plus sur mes forces pour l'exécuter; mais je crois cependant que, quelle que soit la réussite, j'ai un motif d'excuse suffisant dans l'importance sociale du sujet et dans le vif et sincère désir d'être utile à mes concitoyens.

J'aurai déjà produit quelque bien en appelant l'attention sur ces graves matières, et peut-être provoquerai-je ainsi les travaux de personnes qui seront plus capables que moi, et qui auront plus de succès.

CHAPITRE Ier.

Grandeur et importance du fait de la publication des Petits Traités.

Pour prouver la grandeur et l'importence du fait de la publication des *Petits Traités*, il suffit de rappeler les circonstances qui lui ont donné naissance, le but dans lequel elle a été entreprise, et la manière dont elle s'est accomplie.

Le 15 juillet 1848, c'est-à-dire au milieu d'une année qui a vu la monarchie française renversée par la violence et le meurtre ; le roi et la famille royale sortis de France et condamnés à l'exil ; le roi de Prusse et l'empereur d'Allemagne forcés de quitter leur capitale et n'y rentrant que par la force des armes ; le Pape contraint de quitter Rome par la révolte de ses sujets temporels qui s'annonça par l'assassinat du premier ministre ; la Suisse subissant les malheurs de la guerre civile ; la Savoie et le royaume Sarde livrés aussi aux déchirements des guerres intestines et extérieures : c'est-à-dire encore au moment où l'on voyait en France la révolution de Février annoncer la prétention de devenir une révolution sociale, où l'on voyait les ambitieux de toute taille, les incapables de toute espèce, les gens perdus de réputation et d'honneur, accablés de dettes, accusés de crimes, quelques uns même atteints de condamnations, chercher à s'emparer du pouvoir, tromper les masses du peuple par tous les moyens et sur toutes les choses, les pousser à l'exaltation, au fanatisme et à la destruction, par l'action aussi puissante que funeste des écrits incendiaires, des discours provocateurs, des assemblées et des clubs révolutionnaires: c'est-à-dire encore le lendemain des néfastes journées de juin, lorsque Paris était couvert des débris des barricades, lorsque ses maisons répandaient encore l'odeur de la poudre, du sang et des cadavres, et laissaient apercevoir les décombres que leur attaque et leur destruction partielle avaient produits; enfin, au moment où des milliers de prisonniers français, faits par des Français, de prisonniers parisiens capturés par des Parisiens, attendaient avec anxiété le sort qui leur serait réservé, et où ceux qui avaient défendu l'ordre et la société menacés craignaient de voir se renouveler les tentatives et les efforts contre lesquels ils venaient de lutter, le chef du pouvoir exécutif, qui était en même temps le chef de l'armée, le général Cavaignac, soit qu'il agît spontanément, soit qu'il suivît les conseils de quelques uns des membres du ministère dont il était le chef, pensa que les armes matérielles ne suffisaient pas pour ramener l'ordre et la tranquillité et qu'il fallait aussi employer les armes morales. Il voulut appeler une nouvelle espèce de combattants: il invita le président de l'académie des sciences morales et politiques, M. Ch. Dupin, à se rendre chez lui, et lui demanda (ce sont les propres expressions rapportées par M. Ch. Dupin) « que l'académie concourût à la défense des principes » sociaux attaqués par des publications de tout genre; qu'il était » persuadé qu'il ne suffisait pas de rétablir l'ordre matériel au » moyen de la force, si l'on ne rétablissait pas l'ordre moral à

» l'aide d'idées vraies; qu'il regardait comme nécessaire de
» pacifier les esprits en les éclairant, et qu'il avait pensé que
» l'académie pourrait participer à une œuvre aussi utile et se-
» conder les efforts du gouvernement en mettant la science au
» service de la société et de la civilisation. »

M. Ch. Dupin exprima au général sa reconnaissance de la confiance qu'il montrait pour l'académie, dont il pouvait lui garantir les bonnes dispositions et le désir de résister aux théories dangereuses que l'on s'efforçait d'accréditer ; il convoqua ses collègues pour le 17 juillet, et il leur donna connaissance des désirs et des espérances manifestés par le chef du pouvoir exécutif.

M. Cousin, acceptant avec enthousiasme la noble mission que l'on proposait à l'académie, trouva glorieux pour elle le jour où le gouvernement lui demandait le concours de ses lumières dans l'intérêt moral du pays. Il fut d'avis que l'académie devait charger son secrétaire d'écrire au chef du pouvoir exécutif qu'elle acceptait avec gratitude l'honorable mission qu'il lui proposait, et qu'il fallait nommer une commission qui recherchât les moyens les plus sûrs et les plus prompts de la remplir. La commission fut nommée, et composée de MM. Cousin, de Beaumont, Thiers, Troplong et Blanqui. On écrivit au général Cavaignac que l'on était disposé à répondre à son appel patriotique, et que toutes les sections de l'académie s'appliqueraient à soutenir avec un empressement égal les grands principes sociaux, en s'appuyant sur *les démonstrations de la philosophie*, *les prescriptions de la morale*, *les progrès de la législation*, *les règles de l'économie politique et les leçons de l'histoire*, c'est-à-dire sur l'objet spécial des études des cinq sections de l'académie.

Le résultat des travaux de la commission et des délibérations qui le suivirent fut de charger M. Blanqui, l'un de ses membres, d'aller dans les principales villes manufacturières de la France, pour rechercher l'état moral et économique des populations ouvrières, en suivant un programme adopté par l'académie, et de décider qu'elle ferait des publications périodiques, sous la forme de *Petits Traités*, sur toutes les questions qui sont de son domaine, et particulièrement sur celles qui peuvent intéresser l'ordre social.

On se mit à l'ouvrage avec promptitude et avec zèle, et douze œuvres, émanées des principaux membres de l'académie, sur les sujets les plus importants pour l'ordre social, furent rédigées et publiées.

Voici leurs titres et les noms de leurs auteurs :

1° *Justice et Charité*, — par M. Cousin, de la section de philosophie ;

2° *De la Propriété d'après le Code civil*, — par M. Troplong, de la section de législation, droit public et jurisprudence ;

3° *Des Causes de l'inégalité des richesses*, — par M. Hippolyte Passy, de la section d'économie politique et de statistique ;

4° *Bien-être et concorde des classes du Peuple français*, — par M. Charles Dupin, de la section d'économie politique ;

5° *Du Droit de propriété*, — par M. Thiers, de la section d'histoire générale et philosophique ;

6° *Vie de Franklin*, — par M. Mignet, de la section d'histoire;

7° *De la vraie Démocratie*, — par M. Barthélemy St-Hilaire, de la section de philosophie ;

8° *Des Associations ouvrières*, — par M. Villermé, de la section d'économie politique ;

9° *L'homme et la Société*, — par M. Portalis, de la section de législation ;

10° *Des Classes ouvrières en France, pendant l'année* 1848, — par M. Blanqui, de la section d'économie politique ;

11° *De la Providence*, — par M. Damiron, de la section de philosophie ;

12° *De la santé du Peuple*, — par M. Lélut, de la section de philosophie.

Ainsi, sur les cinq sections de l'académie des sciences morales et politiques, composées chacune de six membres, quatre membres de la section de philosophie, quatre membres de la section d'économie politique, deux membres de la section de législation et deux membres de la section d'histoire ont concouru aux publications des Petits Traités. La seule section de morale a jusqu'à présent gardé le silence.

Arrêtons maintenant nos idées sur la gravité et l'étendue du mal, pour lequel on demandait un remède ou au moins un palliatif.

Le gouvernement disait « que les principes sociaux étaient » attaqués de toutes parts, qu'il fallait les défendre, et que si l'on » ne pouvait pas rétablir l'ordre moral, il fallait renoncer au » rétablissement de l'ordre matériel. »

M. Thiers disait : « Puisque la société française en est arrivée » à cet état de perturbation morale, que les idées les plus naturelles, les plus évidentes, les plus universellement reconnues » sont mises en doute et audacieusement niées. »

M. Blanqui disait : « Par quelle fatalité notre pays, si favorisé » du ciel entre tous les autres, est-il devenu, dans ces derniers

» temps, le foyer de tant de théories subversives qui menacent » de nous replonger dans les ténèbres de la barbarie ? Comment » la contrée la plus heureuse de l'Europe a-t-elle pu se mécon- » naître et se calomnier au point de tenter sur elle-même les » expériences hasardeuses qu'elle a été un moment obligée de » subir, et que des novateurs implacables poursuivent avec » acharnement ? Pourquoi, enfin, entendons-nous répéter de » toutes parts que la révolution politique, dont le terrible contre- » coup agite encore l'Europe, n'est que le prélude d'une révolu- » tion plus profonde, destinée à ébranler la société jusque dans » ses fondements ? »

M. Charles Dupin disait : « Alors nous avons vu se renouveler » un spectacle que Platon et Cicéron, dans leurs écrits sur la » République, ont peint avec tant d'éloquence et de génie : le » spectacle des agitations tumultuaires, dont les soulèvements » contagieux se propagent de l'océan populaire jusqu'au réduit » de la famille ; l'insubordination qui s'étend à tous les rangs, » à tous les états, à tous les âges ; la lutte partout et sur tout ; la » paix nulle part........ Dès le lendemain d'un grand change- » ment politique, appelé révolution, voyez les ténèbres de la » destruction versées sur les lois immuables qui servent de base » aux sociétés humaines, quels qu'en puissent être les noms et » les formes : le respect de Dieu, qui commence la sagesse ; le » respect de la patrie, qui fait la nation puissante ; le respect de » la famille, qui défend la vertu privée ; le respect des magistrats, » qui défend la vertu publique ; enfin, le respect du bien de « chacun, qui protége à la fois la fortune de l'Etat et celle des » citoyens, tout est obscurci, faussé ; tout est attaqué, tout est

» nié, méprisé, conspué ; tout cesse d'être compris. En un moment les lumières sacrées qui brillaient en l'honneur de la paix sociale, flambeaux disparus de la civilisation, ne réfléchissent plus dans les esprits que les rayons polarisés, c'est-à-dire inapercevables, d'une raison oblitérée. »

Dans des banquets publics, nombreux, présidés par des gens qui occupaient des fonctions notables, on buvait *aux hommes forts, aux hommes courageux et vaillants pour la cause de l'humanité ; à ceux dont les noms doivent servir de guide, d'appui et d'exemple aux êtres abâtardis ; à tous ceux que l'histoire appelle des héros : à Brutus, à Catilina, à Jésus-Christ, à Julien-l'Apostat, à Attila, à Jean-Jacques Rousseau, à son élève Maximilien Robespierre ; au droit au travail, à l'abolition du salaire, à la réforme locative, au communisme, au socialisme, à l'union intellectuelle et morale par les clubs, à la religion naturelle du Christ ; à Jésus-Christ, le grand apôtre du socialisme ; à Marie, première propagatrice du socialisme.*

Le scandale et le sacrilége étaient portés au point de publier, dans des journaux ou par des affiches, des annonces ainsi conçues : « *Banquet anniversaire de la naissance du Christ, salle Valentino.*
» La commission d'organisation du banquet est composée des femmes démocrates socialistes qui ont organisé le banquet de la Chaussée-du-Maine.—Cabet, Pierre Leroux et Proudhon y sont invités. » .... « Banquet religieux et social, présidé par le citoyen Châtel, fondateur de l'église française, en mémoire de la naissance du Christ, grand apôtre du socialisme. »
» .... « Noël est la fête de l'égalité : Jésus, né dans l'étable, est le symbole naïf des vertus socialistes. Les démocrates so-

» cialistes se proposent de fêter splendidement cette naissance,
» la nuit même de Noël, dans le local qui leur a paru le mieux
» approprié à cette solennité populaire, au Jardin-d'Hiver. »

On affichait sur les murs, dans la ville de Paris, et l'on répandait dans les départements des écrits ayant pour titre : *Bulletin de la République*, qui sortaient du ministère de l'intérieur, et dans lesquels on lisait, pour ne citer qu'un seul exemple, les paroles suivantes : « Ouvriers des villes et des manufactures, généreux
» enfants de la République, il importe que vous vous rendiez
» compte de vos souffrances, de vos droits et de vos justes pré-
» tentions....... Quand vous aurez dit ce que vous avez souffert
» et ce que vous ne voulez plus souffrir, votre tâche ne sera pas
» encore remplie..... Martyrs du travail, levez-vous et parlez !
» Dites comme on spéculait dans les hôpitaux sur les aliments
» et les remèdes qu'ordonnaient pour vous les médecins ! Dites
» quels soins on prenait de votre corps et de votre âme ! quels
» poisons la spéculation mêlait au pain amer que vous mangiez,
» au vin où vous cherchiez un moment de courage et de force,
» et où vous trouviez l'ivresse, la fureur et l'anéantissement de
» toutes vos facultés !.... La société ! vous allez y porter la main.
» Travailleurs, c'est un édifice que vous allez construire pour
» la postérité ; ne souffrez pas qu'il soit bâti pour quelques-uns
» seulement, tandis que l'humanité resterait à la porte, nue,
» affamée, avilie, désespérée ! »

Tout le système social, tout le système moral, tout le système religieux étaient donc attaqués de la manière la plus violente et la plus menaçante ; toutes les lois étaient méconnues, toutes les autorités détruites ou méprisées ; on avait ouvertement recours à la violence et à la force, et le mal n'était pas concentré dans la France ; il existait aussi dans les autres nations de l'Europe, et il menaçait leurs habitants.

Disons donc, sans craindre d'être démentis, que le mal moral était porté à un degré immense, et auquel les monuments historiques ne nous offrent rien d'égal.

Pour réparer ce mal, ou plutôt pour l'arrêter dans ses progrès effrayants, il fallait, sans aucun doute, avoir recours à tout ce que l'on croyait capable de le reconnaître, de l'apprécier, d'en découvrir les causes et d'y apporter des remèdes.

Un corps existe, qui réunit évidemment l'élite de la société française sous le quadruple rapport du génie, de la raison, de l'étude et de l'instruction. Ce corps, c'est l'Institut de France. Dans ce corps existe l'académie des sciences morales et politiques, dont les études spéciales embrassent la philosophie, la morale, la législation, le droit public et la jurisprudence, l'économie politique et la statistique ; enfin l'histoire générale et philosophique, c'est-à-dire, comme l'académie l'a reconnu elle-même et l'a proclamé dans l'Avertissement qui précède les Petits Traités, « les sciences qui considèrent l'homme en lui-même » ou en société, qui enseignent à connaître sa nature et sa fin, à » comprendre son histoire et ses lois, à perfectionner ses senti» ments, à améliorer sa condition. » Cette académie, comme elle le reconnaît encore, s'est montrée fidèle à « l'esprit de son » institution ; elle s'est consacrée à la recherche et à la propa» gation de la vérité dans l'ordre moral, et elle s'est toujours » occupée des rapports qui unissent la science de l'homme avec » sa dignité et son bonheur. »

C'est à ces sectateurs privilégiés de la raison et des sciences sociales que le gouvernement a recours pour remédier aux maux que l'on redoute. L'académie répond dignement à l'appel qui lui est fait ; elle reconnaît l'étendue du mal ; elle croit possible d'y subvenir ; elle pense qu'elle peut offrir ces moyens, et elle dit qu'elle accepte avec reconnaissance l'honorable invitation qui va ajouter à son zèle pour défendre la société et la civilisation.

L'académie ne se borne pas à de vagues protestations ni à de vaines promesses. Elle se met à l'œuvre avec ardeur, avec constance, avec conscience et avec zèle. Douze de ses membres, sur trente dont elle se compose, méditent, conçoivent et écrivent douze Traités, qui sont préparés par de savantes recherches et même par des voyages d'observation, et ces douze Traités sont publiés et mis dans le commerce à des prix qui, en comparaison des prix ordinaires de la librairie, peuvent être considérés comme minimes et accessibles à toutes les fortunes. Les matières de ces douze Traités sont graves et intéressantes ; j'en ai déjà donné les titres qui le prouvent. La manière dont ces matières ont été traitées, est en tout digne du nom de leurs savants auteurs. C'est encore ce que je prouverai en présentant leur analyse rapide, mais exacte.

Ainsi, d'abord, dangers graves et imminents pour l'ordre social entier, attaques violentes, mal immense existant ; secondement, appel à tout ce que la raison et la science humaine ont de plus éminent parmi les Français, pour s'opposer à cet immense danger et arrêter ce mal menaçant ; troisièmement, réponse franche, cordiale et zélée à cet appel, et travail consciencieux pour y répondre ; quatrièmement, enfin, publication de douze Traités par suite des travaux de leurs auteurs, et des avis et délibérations de l'académie des sciences morales et politiques tout entière. Voilà les circonstances principales de cette publication; voilà ce qui doit la rendre et ce qui la rend un grand fait moral, un grand événement dans les annales de la civilisation et de l'état social des hommes. Voyons maintenant quels enseignements et quelles conséquences ce grand fait doit nécessairement produire.

CHAPITRE II.

Quelles conséquences et quels enseignements doivent résulter de la publication faite par l'académie des sciences morales et politiques.

Il est bien facile de concevoir la gravité des conséquences et la grandeur des enseignements qui doivent résulter de la publication des *Petits Traités*. Il suffit, pour cela, de considérer les motifs qui avaient fait recourir à la science et aux talents de l'académie, et le but qu'elle s'était proposé en répondant à l'appel qui lui était fait.

Ce n'était pas pour donner aux membres de l'académie l'occasion de faire des ouvrages et de composer des Traités, que le gouvernement lui avait demandé son concours et son aide. Ce n'était pas non plus pour le plaisir d'écrire et de publier des ouvrages, ni par le désir d'ajouter à leur réputation, à leur fortune ou à leur gloire littéraire, que les membres savants qui la composent ont accepté avec reconnaissance la mission qui leur était confiée, et se sont mis à l'œuvre avec zèle et persévérance. Le gouvernement cherchait sérieusement et uniquement un remède au mal moral existant et reconnu. Les membres de l'académie désiraient sérieusement et uniquement apporter remède à ce mal, et ils n'ont travaillé et publié que par ce seul motif et dans ce but unique.

Les désirs et les espérances du gouvernement ont-ils été remplis ? Les publications de l'académie ont-elles répondu à ses motifs, et ont-elles atteint son but ? Voilà des questions dont la solution est du plus grand intérêt et présente ces conséquences et ces enseignements que j'ai annoncés ; car si la publication des Traités a détruit le mal en tout ou en partie, on devra en conclure que c'est par de semblables publications que l'on peut achever de conjurer le mal, et même appeler et favoriser le progrès dans le bien. Si, au contraire, la publication des Traités n'a pas procuré d'amélioration à la position sociale, on devra rechercher les causes de leur insuffisance, et on devra aussi rechercher s'il n'existe point d'autres moyens pour venir au secours de la société et de la civilisation menacées.

Or, que peut-on concevoir de plus grave que cette conséquence forcée : la possibilité de sauver la civilisation par les conceptions de la science et de la raison humaine seules, ou bien l'impossibilité de le faire ? Que peut-on concevoir de plus grand et de plus important que l'enseignement qui nous fera connaître l'étendue et les limites de cette science et de cette raison humaines, et qui nous dira voilà jusqu'où elles peuvent s'étendre, mais voilà des bornes qu'elles ne peuvent franchir.

Nous allons marcher à la découverte de cette conséquence et

à la reconnaissance de cet enseignement, en recherchant d'abord quels ont été les effets de la publication des *Petits Traités.*

CHAPITRE III.

Quel a été l'effet de la publication des Petits Traités.

L'académie s'était engagée seulement à livrer gratuitement les Petits Traités à MM. Didot, Paulin et Pagnères, qui devaient les faire imprimer et les mettre dans le commerce aux prix les plus modiques. Cela a été exécuté, et la publication a été faite en 1848 et en 1849 par livraisons, au prix de 40 centimes chacune. Un nombre assez faible d'exemplaires ont été vendus, et, au lieu d'être achetés par les habitants des campagnes et les ouvriers des villes, les exemplaires ont passé aux mains de personnes qui n'en avaient nul besoin, et qui désiraient seulement voir et apprécier des travaux que recommandaient si fortement à la curiosité et à l'intérêt des amis de l'ordre, et la nature des sujets traités et la réputation méritée des auteurs.

Au reste, il n'est pas à ma connaissance qu'aucune loi, qu'aucun décret, qu'aucun établissement, enfin qu'aucune chose qui eût été inspirée ou suggérée par les Traités ait été faite ni tentée.

Je ne crois pas non plus qu'on puisse dire que cette publication ait amené ou produit aucune amélioration dans l'état des esprits, ni prévenu ou paralysé aucun danger social. Nous avons vu, depuis, des troubles et des collisions dans les départements, des tentatives d'émeute dans Paris, des complots contre le gouvernement et contre les citoyens. Nous avons vu le même débordement dans la presse, nous voyons la même propagande tentée dans les campagnes; nous entendons les mêmes provocations, les mêmes menaces, les mêmes prédictions sinistres éclater jusque dans l'Assemblée qui est chargée de faire nos lois : nous voyons des divisions funestes et des alliances plus sinistres encore s'établir au sein même des corps chargés de préparer, d'assurer et de maintenir la paix, la prospérité et le bonheur de la patrie.

Nous sommes donc forcés de reconnaître et autorisés à dire qu'en fait, la publication des *Petits Traités* n'a pas *rétabli l'ordre moral*, comme le gouvernement le demandait, et n'a pas *contribué à faire avancer la société vers l'ordre dans la liberté et vers la prospérité par le travail*, comme l'académie le désirait, l'espérait et semblait le promettre.

Mais, pour que les conséquences soient entières et que l'enseignement soit complet, il est nécessaire de connaître encore à quoi l'on doit attribuer le peu d'effet de la publication de l'académie, et c'est ce que nous allons rechercher dans le chapitre suivant.

CHAPITRE IV.

Pourquoi l'effet de la publication des Petits Traités n'a-t-il pas répondu aux désirs et à l'espérance de leurs auteurs.

Le remède administré à un malade peut ne pas le guérir par trois causes différentes : la première, parce que l'ignorance du médecin l'a empêché de trouver et de choisir le remède qui était salutaire; la seconde, parce que le remède bien choisi a été mal préparé; la troisième, enfin, parce que la science ne connaissait pas de remède que l'on pût apporter avec succès à la maladie.

Il en est de même pour la question que nous examinons : la publication des Petits Traités n'a point produit d'effet salutaire sur le mal moral qu'elle voulait guérir, ou parce que le sujet de ces Traités a été mal choisi, ou parce que les Traités ont été mal faits, ou enfin parce que la science humaine ne contient pas de moyens capables de guérir ce mal.

D'abord, les sujets des Traités étaient-ils mal choisis? Nous en avons donné les titres, et l'on peut facilement se convaincre que, puisque l'on voulait chercher dans la seule science humaine des moyens de s'opposer aux dangers qui menacent l'ordre social, on ne pouvait trouver de sujets conçus et enseignés par elle qui fussent plus graves et plus intéressants. Considérer la propriété sous toutes ses faces, dans toutes ses sources et dans tous ses effets ; prouver la nécessité et les conséquences favorables de l'inégalité des richesses et des positions sociales ; renfermer les bases de toutes les institutions humaines dans les deux grands principes de la justice et de la charité ; présenter le bien-être de tous comme la conséquence nécessaire de la concorde entre toutes les classes ; préciser la position des classes ouvrières et leur faire connaître les conséquences de leur conduite et de leurs institutions spéciales ; offrir à tous les hommes, dans la vie d'un seul, l'exemple des succès obtenus par la moralité et le travail ; établir l'existence d'une Providence qui nous conduit à reconnaître que nos souffrances sont le résultat de notre faute ; développer les principes de la vraie démocratie ; mettre l'homme en présence de la société ; enfin, apprendre au peuple ce que l'on fait pour sa santé et ce qu'il doit faire lui-même pour la conserver, ne sont-ce pas là, au moins en grande partie, tout ce que la science humaine peut concevoir et peut exposer et développer ? Pour dire que ces sujets étaient mal choisis, il faudrait, sans doute, en indiquer d'autres qui parussent plus convenables et plus salutaires ; et, quant à moi, je déclare que je n'en connais pas.

Mais si ce n'est pas dans le choix des sujets que l'on peut trouver la cause du peu de succès de la publication, ne serait-ce point dans la manière dont ils ont été traités ?

Ici on pourrait, d'abord, répondre par les noms seuls des auteurs qui, sans aucun doute, occupent le premier rang parmi les philosophes, les jurisconsultes, les économistes et les historiens de la France, et peut-être du monde entier ; mais on va porter au dernier degré la preuve de la perfection avec laquelle le travail a été fait, en présentant l'analyse exacte, quoique rapide, de chacun des Petits Traités, en suivant l'ordre de leur publication.

1er *Traité.* — JUSTICE ET CHARITÉ, *par M. Cousin, de la section de philosophie.*

L'auteur s'est proposé pour but de son ouvrage de prouver que tout système de morale, de législation et d'économie politique, devait reposer sur deux principes, qui sont *la justice et la charité.* Il définit la justice, *le respect de la liberté des autres.* Il ne définit pas positivement la charité ; mais l'on comprend, par ce qu'il en dit, qu'il la considère comme un sentiment ou un ins-

tinct qui, en quelque sorte, à notre insu, nous porte à faire du bien à nos semblables : « Par cet instinct, dit-il, l'homme fran-
» chit les limites de la loi, et il s'élance du désintéressement au
» dévoûment, de la justice à la charité. »

M. Cousin marche vers son but avec cette vigueur de génie et d'imagination qui le caractérise.

Il prouve la nécessité de la justice en considérant l'égalité de tous les hommes dans leur liberté, et la nécessité pour chacun de respecter cette liberté des autres pour qu'on respecte la sienne. — L'homme, ajoute-t-il, n'a que des droits sur les choses ; il a seulement des devoirs envers lui-même. Mais les hommes, entre eux, ont des droits et des devoirs qui sont fils de leur liberté et de leur égalité dans cette liberté. — A l'occasion des droits des hommes, il examine le droit de propriété — Ce droit ne lui paraît fondé ni sur un contrat primitif, ni sur le travail, mais sur une occupation première et primitive. — Après le droit du premier occupant, vient le droit du travail et de la production.— Le droit de propriété entraîne nécessairement avec lui le droit de disposer et de transmettre par donation ou par succession. — Le respect de la propriété et des autres droits des hommes produit la paix, mais leur violation engendre le trouble et le désordre. — Nous avons un motif pour respecter les lois de la justice dans *une loi de l'ordre éternel qui attache la misère au crime, et le bonheur, ou du moins la paix à la vertu.* — Lorsque les passions de l'homme le portent à enfreindre les lois de la justice, il doit y être rappelé forcément par une autorité, qui est le gouvernement, et qui elle-même doit respecter la justice.

L'auteur prouve ensuite la nécessité de la charité par le sentiment intime de l'homme qui lui dit que la justice ne suffit pas, et il présente plusieurs exemples. — Il prévoit aussi les abus qui peuvent résulter de la charité, et qui conduiraient à l'usurpation de droits, à la domination et à l'oppression, et il dit qu'il faut tempérer l'exercice de la charité par le respect pour la justice. — En résumé, respecter les droits d'autrui et faire du bien aux hommes, être juste et charitable, voilà ce que doivent faire les individus et la société représentée par le gouvernement ; voilà la morale sociale. — « La justice est le frein de l'humanité, dit » l'auteur en terminant ; la charité en est l'aiguillon. Otez l'une » ou l'autre, l'homme s'arrête ou se précipite. »

2me *Traité.* — DE LA PROPRIÉTÉ D'APRÈS LE CODE CIVIL, *par M. Troplong, de la section de législation.*

M. Troplong, en énonçant le but de son ouvrage, dit qu'il veut prouver que « la démocratie, qui use si vite les hommes et les » choses, a communiqué à la propriété plus d'énergie, de jeu» nesse et de solidité que jamais. » Voici une idée de la manière dont il fait cette preuve :

« Suivant le droit naturel, la propriété est la matière dominée » par la puissante liberté de l'homme, et le droit de propriété » est le droit inviolable de cette même liberté d'être respectée » dans son œuvre de domination. — Si la liberté fonde la pro» priété, l'égalité la rend sacrée; car tous les hommes étant éga» lement libres, chacun doit reconnaître dans autrui la souve» raine indépendance du droit. — La propriété est donc la plus » démocratique des institutions, puisqu'elle a à sa base les » deux éléments essentiels de la démocratie : la liberté et l'éga-

» lité. » — Le principe sur lequel le droit naturel fonde la propriété est le droit du premier occupant. — Le droit de propriété fait naître l'exclusion des autres, et la fixité donne naissance au droit de mutation et de transmission. — Ce n'est pas la possession qui a fondé la propriété. — L'auteur énonce une objection qui consiste à dire que la terre n'est pas susceptible d'appropriation privée, et il y répond en montrant qu'il n'existe pas, quant à la propriété, de différence raisonnable entre la terre et les autres choses qui sont utiles à l'homme, et il repousse les arguments tirés de l'égalité, de l'égoïsme et de la fraternité.

Après avoir ainsi établi le fondement et la légitimité de la propriété, M. Troplong présente une esquisse historique des diverses théories qui ont existé dans le monde sur cet objet important, et il expose la manière dont la propriété a été considérée en Orient, en Grèce, dans la république imaginaire de Platon, à Rome et aux diverses époques de l'Etat-Romain, dans le moyen-âge, sous le régime féodal, sous la monarchie absolue, par les économistes du XVIIIe siècle, par les hommes de la révolution de 1789, par Robespierre, par la Convention nationale; et enfin par le Code civil qui nous régit.

Après avoir rapporté l'opinion de l'empereur Napoléon sur l'inviolabilité de la propriété, l'auteur expose les dispositions du Code civil sur sa transmission et sa division. Il présente ensuite un aperçu statistique, duquel il induit qu'en France il y a environ 20 millions d'individus attachés au sol par la propriété; qu'il n'y a pas plus de 8,000 chefs de famille qui paient en impôts 1,000 fr. et plus; qu'il n'y en a pas plus de 15,000 qui paient plus de 500 fr.; pas plus de 67,000 qui paient plus de 300 fr.;

pas plus de 110,000 qui paient plus de 200 fr.; pas plus de 220,000 qui paient plus de 125 fr.; pas plus de 480,000 qui paient plus de 50 fr.; et enfin qu'au-dessous de cette dernière somme de 50 fr., on trouve 3,900,000 propriétaires. Il expose encore que le trésor public a retiré, dans une seule année, par suite de la transmission de la propriété par vente, par succession, par donation entre-vifs et par testament, plus de 145,000,000 de francs, et cela sans préjudice des impôts énormes dont la terre est annuellement chargée.

M. Troplong conclut, de tout ce qui précède, que « la théorie » de la propriété, telle qu'elle existe aujourd'hui en France, est » une théorie démocratique ; que notre société n'abolira pas, au » nom profané de la démocratie, l'œuvre la plus admirable et la » plus solide de la démocratie moderne, et que, d'ailleurs, si » cette théorie si excellente était vaincue un jour par la force » brutale, ce ne serait que pour renaître de ses ruines dans les » conditions actuelles que Dieu a mises dans sa nature, de toute » éternité ; qu'on changerait les possesseurs, mais qu'on ne pour» rait pas changer l'institution. »

3me *Traité.* — DES CAUSES DE L'INÉGALITÉ DES RICHESSES, *par M. Hippolyte Passy, de la section d'Economie politique.*

L'inégalité des richesses est un fait providentiel, général et inévitable ; mais cette inégalité, au lieu d'être un mal, est un véritable bien, et même elle est nécessaire. Telles sont les deux propositions que M. Passy a voulu établir dans son ouvrage, et il l'a fait d'une manière digne de son génie et de sa réputation.

Recherchant, d'abord, les causes de cette inégalité, il les trouve dans la disparité des qualités natives qui constituent les capacités corporelles et intellectuelles ; dans les accidents de la vie, sous le rapport de la maladie et de l'existence, et dans les accidents qui frappent les biens et qui influent sur toutes les entreprises. Ces causes, dit l'auteur, sont primordiales, et il n'est donné à aucun législateur d'en pouvoir contenir ou supprimer l'inflexible et permanente activité.

En ne considérant l'inégalité des richesses que dans son fait d'existence, elle présente, sans doute, des inconvénients ; mais elle doit être considérée dans ses effets, et alors on reconnaît qu'elle est le mobile principal des progrès les plus essentiels au bien-être général de tous les hommes. Quels sont les éléments générateurs de toute richesse ? Des lumières et des capitaux. Or, ces biens indispensables ne peuvent naître, se former et se propager que par les inégalités que la nature a mises entre les hommes. Après avoir présenté un aperçu de la manière dont les richesses s'accroissent, l'auteur déclare qu'il était indispensable d'ajouter aux causes qu'il avait présentées la constitution et le développement de la propriété. Il présente sur cette propriété, sa nature, son fondement, sa légitimité et sa nécessité, ses accessoires et ses conséquences, des réflexions aussi sages que péremptoires. Il combat les principes du communisme, et il en signale les funestes effets ; enfin, il termine en formulant pour conclusion que l'inégalité des richesses n'est point une rigueur providentielle ; que c'est une nécessité imposée à l'humanité dans son intérêt, et que c'est dans l'indépendance du travail, dans la libre répartition et dans la sécurité de la propriété que résident les conditions éternelles et véritables du développement des richesses privées et publiques.

4me *Traité.* — BIEN-ÊTRE ET CONCORDE DES CLASSES DU PEUPLE FRANÇAIS, *par M. Ch. Dupin, de la section d'Economie politique.*

Prouver aux classes ouvrières que leur bien-être, comme celui des autres classes de la société, ne peut être le résultat que de la liberté et de la concorde entre toutes ces classes, et que les inégalités de fortune et de position sont non-seulement inévitables, mais encore indispensablement nécessaires pour le bonheur général et particulier ; tel est le but que s'est proposé M. Ch. Dupin dans ce Traité, et vers lequel il s'est avancé en employant le raisonnement et la statistique.

Après avoir rappelé, dans son Introduction, la gravité des circonstances qui ont donné lieu à la publication des Petits Traités, la nécessité d'apporter remède aux dangers qui en résultent, et le mérite de ceux qui sont appelés à le faire, l'auteur, dans un premier chapitre, dit que la vraie fin de la politique doit être de rendre la vie commode et les peuples heureux ; que l'on peut arriver à cette fin en favorisant et en développant à la fois le bien-être et la concorde parmi toutes les classes de citoyens qui composent une nation, et que cette faveur et ce développement ne peuvent être obtenus qu'en respectant toutes les professions utiles, mais en reconnaissant cependant et en supportant parmi ces professions des supériorités et des infériorités. A l'appui de ces propositions se trouve un aperçu historique du malheur des classes du peuple sous Louis XIV, de leur mauvais état sous Louis XV, et des premiers progrès de leur amélioration par suite des abus supprimés par la révolution de 1789, et de la bienfaisante division de la propriété foncière. — Le chapitre deuxième contient des preuves statistiques : de 1783 à 1845, diminution d'un tiers dans la mortalité. De 1770 à 1780, la durée de la vie moyenne était de 28 ans et demi ; elle est aujourd'hui de 40 ans. Ces résultats sont dus à l'état et à l'organisation de notre société que l'on attaque et qu'il faut défendre. — Le chapitre troisième nous offre encore un tableau des progrès récents du bien-être chez les diverses classes industrielles. En 1802, il n'y avait que 791,500 patentés ; en 1817, il y en avait 847,100, et en 1840 on en compte 1,416,600. Aux mêmes époques, le nombre des familles de chefs d'industrie s'augmente dans les proportions suivantes : 3,166,000—3,388,000—5,664,000. Ces progrès sont dus à la concorde entre toutes les classes de producteurs et à l'ordre public qui ont régné pendant ces diverses périodes de temps. — Le chapitre quatrième offre un aperçu des manœuvres et des efforts employés par des esprits moroses, et par des cœurs pervers pour attaquer et renverser l'ordre social actuel. — Le chapitre cinquième repousse les attaques dirigées contre les classes riches, en énumérant une partie des établissements de secours et de bienfaisance qu'elles ont fondés en faveur des classes indigentes. —Dans le chapitre sixième, l'auteur montre aux classes ouvrières comment elles améliorent elles-mêmes leur sort par leurs économies, au moyen des caisses d'épargne, et par leurs achats de portions de terre. — Le chapitre septième est consacré à démontrer l'action délétère et destructive du communisme contre le bien-être des classes ouvrières. L'auteur, partant de la supposition de dix milliards de revenu pour la France entière, en conclut que l'égalité de partage donnerait à chaque habitant 80 centimes par jour, et prouve qu'avec ce revenu tout le monde serait malheureux. — Enfin, dans le chapitre huitième, qui contient la conclusion de l'ouvrage, l'auteur rappelle aux ouvriers qu'on leur avait promis qu'ils seraient tous riches et semblables à des rois, s'ils aidaient à faire main-basse sur le bien public et sur l'opulence privée, et il leur demande ce qui leur est arrivé. Il tire, de nouveau, de l'expérience cette conclusion, qu'au lieu de s'offenser et de concevoir de l'envie à la vue des inégalités de capacités, de facultés et de fortune qui existent dans les classes diverses de la société et parmi les individus de chaque classe, il faut qu'on considère cette inégalité comme nécessaire, qu'on la supporte, qu'on maintienne la concorde partout, et que, partout, on en recueillera le bien-être, la prospérité et le bonheur.

5me *Traité*. — DE LA PROPRIÉTÉ, *par M. Thiers, de la section d'Histoire.*

M. Thiers s'est proposé, dans ce Petit Traité, d'établir le double principe de l'équité et de l'utilité de la propriété, et voici la série de raisonnements et de preuves qu'il a employés à l'appui de son entreprise.

Après avoir exposé comment et à quelle occasion se sont produites les attaques que l'on dirige journellement contre la propriété, l'auteur dit que c'est par l'exacte observation de la nature humaine que l'on peut découvrir les véritables droits de l'homme, droits qui lui sont indispensables pour qu'il puisse faire usage de ses facultés. Ainsi le droit de propriété sera prouvé si l'on prouve que cette propriété est reconnue nécessaire pour le maintien et la prospérité de l'ordre social. — L'histoire des peuples nous montre la propriété comme un fait qui existe chez tous les peuples connus, et, restreinte d'abord à peu de chose, elle s'étend et augmente chaque jour davantage. — Si on recherche les sources de la propriété, on trouve dans l'homme une première propriété, qui est celle de ses facultés personnelles, de son travail et de son énergie. — En exerçant ses facultés et en se livrant au travail, l'homme produit une seconde propriété personnelle, que Dieu autorise, et que la société consacre et doit consacrer ; car sans ce respect il n'y aurait point de travaux possibles, et sans les travaux point de civilisation. — Le travail inégal, par suite de l'inégalité des facultés natives de l'homme, produit nécessairement l'inégalité des biens, sans qu'il y ait là violation du principe de l'égalité suivant la loi, seule espèce d'égalité possible et permise. — Pour que la propriété soit complète, il faut qu'on puisse la transmettre. — De là suit la légitimité du droit de transmission par donation entre-vifs, par testament, par hérédité, et par vente ou échange.— La transmission de la propriété par hérédité est le plus puissant stimulant au travail qui ait été donné à l'homme. — Du travail et de l'hérédité naît une agglomération de biens que l'on appelle richesse ; la richesse peut exciter l'envie ; mais elle remplit dans l'ordre social des fonctions indispensables, en excitant l'émulation et l'ardeur au travail, en entretenant l'industrie, et en donnant les moyens de se livrer à l'étude des sciences et des beaux-arts.—Le véritable fondement du droit de propriété est le travail, et ce fondement mérite les respects de tout le monde. — Si l'on objecte que quelquefois les richesses proviennent de la fraude, de l'usurpation, du vol, etc., on répond que la transmission légitime d'un bien, même lorsqu'il est mal acquis, donne des droits légitimes à celui auquel il a été transmis. — Si l'on objecte que l'agglomération toujours croissante des propriétés ne laissera rien de disponible et de libre pour les générations qui viendront, on répond qu'en fait l'univers est loin d'être envahi par l'extension de la propriété, que cette extension rend ce qu'il en reste plus accessible aux travaux de l'homme, et que la propriété civilise le monde, au lieu de l'usurper, ce qui résulte de tous les enseignements de l'histoire. — Enfin l'auteur arrive à cette conclusion que, sans la propriété mobilière, il n'y aurait pas même de société, et que, sans la propriété immobilière, il n'y aurait pas de civilisation.

6me *Traité.* — VIE DE FRANKLIN, A L'USAGE DE TOUT LE MONDE, *par M. Mignet, de la section d'Histoire.*

Franklin avait dit à ses enfants, en leur destinant ses Mémoires : « Né dans l'indigence et dans l'obscurité, et y ayant passé mes » premières années, je me suis élevé dans le monde à un état » d'opulence, et j'y ai acquis quelque célébrité. La fortune ayant » continué à me favoriser, même à une époque de ma vie déjà » avancée, mes descendants seront peut-être charmés de connaître » les moyens que j'ai employés pour cela, et qui, grâce à la Pro- » vidence, m'ont si bien réussi ; et ils peuvent servir de leçon » utile à ceux d'entre eux qui, se trouvant dans des circons- » tances semblables, croiraient devoir les imiter. »

Le but que Franklin se proposait pour ses enfants en écrivant ses Mémoires, M. Mignet se l'est proposé pour tous les hommes en écrivant la vie de Franklin. Il a divisé son ouvrage en deux parties : l'une qui contient la vie privée du sage américain, l'autre qui contient sa vie publique. Chaque événement remarquable est suivi de réflexions d'application, et l'on conçoit qu'on ne peut guères présenter l'analyse d'un pareil ouvrage.

7me *Traité.* — DE LA VRAIE DÉMOCRATIE, *par M. Barthélemy Saint-Hilaire, de la section de Philosophie.*

« Il n'y a de salut pour les États et pour les citoyens que dans » la pratique de la vertu éclairée de plus en plus par la science.... » Le principe du gouvernement démocratique, c'est la vertu. » Voilà les deux propositions que M. Barthélemy St.-Hilaire s'est proposé de prouver dans son ouvrage, et voici comment il a essayé de faire cette preuve.

Il a établi la vérité du principe vertueux de la démocratie par l'autorité de Montesquieu. Venant ensuite à l'autorité de Platon, qui ne se montre pas aussi convaincu que Montesquieu de la vérité du principe, il dit que cela provient de ce que Platon n'a connu que la démocratie athénienne, qui peut être laissée bien loin derrière la démocratie d'aujourd'hui. Il adopte définitivement la maxime de Montesquieu, qu'il se propose de compléter à l'aide des doctrines platoniciennes.

Passant au développement de ces doctrines, l'auteur nous dit que Platon soutient que la vertu est une, et que cependant il y distingue le plus souvent quatre parties, et quelquefois cinq, qui sont : la prudence, le courage, la tempérance, la justice, et quelquefois la sainteté. Ce sont là des biens divins, bien supérieurs aux biens humains, tels que la santé, la vigueur et la richesse.— L'auteur entre dans quelques développements sur ces cinq parties de la vertu, et il conclut son chapitre en disant que la vertu est également obligatoire pour le gouvernement et pour les citoyens, et qu'il va rechercher les conséquences pratiques de ce principe appliqué à la démocratie.

Passant à ces conséquences et invoquant l'histoire à l'appui de sa proposition, l'auteur dit que « les démocraties sont à peu » près les seuls gouvernements qui se soient occupés, comme il » convient, de l'éducation des citoyens ; qu'un trait spécial des » démocraties, c'est l'amour sans bornes de la patrie ; qu'il n'y a » pas de gouvernement où l'obéissance aux lois puisse être plus » complète que dans la démocratie ; que cette obéissance absolue » à la loi fait que la démocratie est celui de tous les gouverne» ments où l'ordre peut être à la fois le plus assuré et le plus réel ; » que le gouvernement démocratique est le seul qui puisse dire » légitimement que l'insurrection n'est jamais permise contre lui ; » qu'il est le seul où l'on comprenne et où l'on applique les vé» ritables sentiments de la fraternité sociale ; que le dédain des » biens matériels et des richesses est très-facile à la démocratie ; » enfin que la piété étant non-seulement facile, mais indispen» sable à la vertu, les démocraties doivent être pieuses. »

Examinant la liberté dans ses rapports avec la vertu, l'auteur dit que « la liberté est une condition indispensable de la » vertu, mais que l'abus de la liberté corrompt et ruine la vertu. » Il conclut de là qu'il faut que la loi veille de très-près pour empêcher l'anarchie de s'introduire dans l'Etat.

Examinant ensuite le principe démocratique de l'égalité, l'auteur dit que « la seule égalité que l'Etat doive garantir aux ci» toyens dans la démocratie, c'est l'égalité de la liberté ; » et il ajoute que « la différence de richesses ne blesse en rien la véri» table égalité. »

L'auteur, s'occupant ensuite de la fraternité, dit « qu'elle est » une conséquence de la liberté tout aussi directe que l'éga- » lité elle-même ; que le respect et l'admiration de la liberté » qu'on sent en soi, et qu'on attribue aux autres, est l'o- » rigine profonde et la cause indestructible de la bienveil- » lance que les hommes sentent les uns pour les autres ; que la » liberté forme la nature de l'homme ; que l'égalité représente » sa raison, austère et précise comme la justice elle-même ; que » la fraternité, plus douce, mais tout aussi nécessaire et tout » aussi vieille, répond davantage au cœur de l'homme et à sa » sensibilité. » L'auteur ajoute « qu'en lisant au front de la na- » tion française cette immortelle inscription : *Liberté, égalité,* » *fraternité*, il se sent saisi d'une sympathie et d'un respect in- » volontaires; qu'il se dit que la société qu'animent de telles pen- » sées doit être digne de l'amour et de l'admiration de ses fils et » de tous les hommes. »

Un dernier chapitre est consacré à l'examen de l'état actuel de la démocratie française. L'auteur proclame la société française actuelle comme la moins imparfaite et la plus équitable que l'his- toire ait jamais connue, et il en donne pour preuve l'excellence de nos Codes, la perfection de notre organisation administrative, et la persistance de notre travail. Il répond à l'objection que l'on tire du défaut de respect pour l'autorité, qu'il faut que le pouvoir se rende respectable. Il convient que la presse s'est corrompue, et qu'elle produit un grand mal en agissant sur les masses qu'elle trompe ; il dit qu'il faut opposer une digue à ce torrent dévasta- teur. La démocratie a fait une faute en n'arrêtant point, dès l'ori- gine, la propagation des mauvaises théories ; elle a manqué *à la prudence.* Tous les citoyens manquent au *courage* en ne réunissant pas leurs efforts pour courir au secours de la justice et des lois. Il faut aussi s'attacher à la *tempérance* matérielle et spirituelle, civile et politique : ainsi il faut rappeler la nation française à la pratique de ces trois premières parties de la vertu, *prudence*, *courage*, *tempérance* Quant aux deux dernières, *justice* et *sainteté*, elles n'ont point de reproche fondé à faire à la démocratie française.

L'auteur conclut en disant :

« Il n'y a de salut pour les Etats et pour les citoyens que dans » la pratique de la vertu, éclairée de plus en plus par la science, » pénétrant et circulant dans tous les rameaux de la vie sociale, » qu'elle soutient et qu'elle fortifie ; donnant avec la *prudence*, » qui prévoit les choses de loin et les fait durer, le *courage* qui » les exécute avec énergie, la *tempérance* qui les modère, la *justice* » qui les ordonne et les règle, la *liberté* qui les rend dignes de » l'homme, l'*égalité* qui garantit les droits, la *fraternité* que ré- » clame son cœur fait pour aimer, la *piété* enfin qui place et » unit les hommes sous la conduite de leur père commun. »

8me *Traité.* — DES ASSOCIATIONS OUVRIÈRES, *par M. Villermé*, *de la section d'Economie politique.*

Examiner les diverses espèces d'associations que les ouvriers peuvent faire, soit avec les fabricants, soit entre eux, relativement à leur travail et à sa rétribution, afin de reconnaître si elles sont ou non praticables ; tel est le but que s'est proposé M. Villermé, et voici comment il a marché vers ce but.

L'auteur expose premièrement les états successifs des ouvriers en France. D'abord esclaves, ensuite serfs, puis salariés, devenant commerçants, se faisant industriels, arrivant aux richesses pour ensuite retomber dans la misère ; voilà l'histoire des différentes familles qui passent ainsi par toutes les positions sociales. — Il présente ensuite les avantages que les ouvriers ont retirés de la Révolution de 1789, qui supprima les maîtrises et les jurandes, et proclama la liberté de l'industrie et du travail. — Cette liberté du travail et cette concurrence de l'industrie sont devenues aujourd'hui l'objet de plaintes et d'accusations. On leur attribue tous les malheurs de l'ouvrier. On veut y remédier par l'établissement du droit au travail, la limitation de sa durée, la suppression du travail à la tâche et du marchandage, les ateliers nationaux, les banques d'échange, les associations de toute espèce, etc., etc. L'auteur déclare qu'il ne veut s'occuper que de ce qui concerne les associations d'ouvriers. — Il présente des considérations générales sur les associations qui peuvent se concevoir entre l'ouvrier et le fabricant pour partager le bénéfice, ou bien entre plusieurs ouvriers pour travailler en commun, et il prouve qu'elles sont impossibles et qu'elles ne produiraient que de mauvais effets. — L'auteur s'occupe ensuite de la loi du 5 juillet 1848, qui vota 3 millions pour fonder et encourager des associations de travailleurs, et il prouve, par le raisonnement et par l'expérience, que cette loi n'a produit et ne peut produire aucun résultat avantageux. Plus de cinq cents demandes ont été adressées au gouvernement ; trente-deux seulement ont été accueillies, et elles ne prospèrent point. — L'auteur finit par conclure que « c'est à la » libre concurrence, prudemment conduite, que, depuis 1789, » la France doit ses progrès industriels, et la classe ouvrière,

» prise en masse, l'amélioration de son sort, et que, quant à
» l'association absolue, elle serait pour nos travailleurs un aveugle
» système d'extermination, et pour tous une cause sans cesse
» agissante d'appauvrissement et de ruine. »

9me *Traité.*—L'HOMME ET LA SOCIÉTÉ, *par M. Portalis, de la section de Législation.*

Après avoir dit, dans un Avant-Propos destiné à faire connaître le but et le plan de l'ouvrage, qu'il y a des révolutions politiques et des révolutions sociales, et avoir défini les unes et les autres ; après avoir dit encore que l'on cherche maintenant à faire en France une révolution sociale, et avoir prouvé qu'on ne doit agir ainsi que si la société actuelle repose sur des bases fausses et est soumise à des lois contraires ou opposées au droit naturel, l'auteur déclare qu'il va rechercher si la société actuelle est ou n'est pas fondée sur le droit naturel, et que, pour faire cette recherche, il va successivement examiner la nature, la destination et la fin de l'homme, de la famille, de la société et de la civilisation, et qu'ensuite il tirera, des faits constatés et de leur comparaison avec nos lois et nos institutions, les conséquences que la raison indique.

Malheureusement, M. Portalis n'a inséré dans les Mémoires de l'Institut que la première partie de son ouvrage, qui traite *de l'homme.* Il a publié depuis peu la seconde, intitulée : *De la famille.* Pour apprécier l'ouvrage, il faut en saisir l'ensemble, et surtout connaître les conséquences que doit contenir l'épilogue. On ne croit donc pas devoir pousser plus loin l'analyse de ce Traité.

10me *Traité.*—DES CLASSES OUVRIÈRES EN FRANCE PENDANT L'ANNÉE 1848, *par M. Blanqui, de la section d'Economie politique.*

Cet ouvrage n'est point de la même nature que les autres; ce n'est pas un sujet choisi par l'auteur, et traité suivant son inspiration et ses idées personnelles; c'est un rapport fait à l'académie des sciences morales et politiques sur un sujet donné, suivant un programme arrêté, et après un voyage d'exploration, de recherches et d'examen. Cependant on a eu grande raison de le faire imprimer avec les Petits Traités, parce qu'il contient des faits dont la connaissance est utile à tout le monde et nécessaire pour un grand nombre de personnes.

Voici le programme arrêté par l'académie :

« M. Blanqui est chargé de rechercher et d'exposer l'état moral et économique des populations ouvrières dans les villes de Lyon, de Marseille, de Rouen et de Lille, et dans les régions voisines dont ces villes peuvent être considérées comme le centre industriel. Il examinera :

» 1° Quelle est l'éducation physique et morale des enfants d'ouvriers ;

» 2° Quelle est sur les mœurs et le bien-être des ouvriers l'influence de la vie de famille, de l'esprit religieux, et des lectures auxquelles ils se livrent habituellement ;

» 3° Quel est l'effet des diverses professions sur la santé et le caractère des populations ouvrières ;

» 4° Quelles sont les causes économiques auxquelles on doit attribuer le malaise de ces populations, et si ces causes sont

» différentes pour les populations manufacturières et pour les po-
» pulations agricoles ;

» 5° Quelles sont les industries les plus exposées aux chô-
» mages, et les causes habituelles de ces chômages ;

» 6° Si l'association entre ouvriers est un moyen d'améliorer
» leur sort, et s'il existe des exemples qu'on pourrait utilement
» imiter ;

» 7° Quels progrès sont survenus, depuis vingt-cinq ans, dans
» la condition des ouvriers, et quelles ont été les causes de ces
» progrès. »

M. Blanqui a fait son voyage d'examen avec conscience, sagesse et discernement, et il a fait son rapport avec tout le talent qui le distingue. Il serait difficile de faire l'analyse de son voyage, de ses remarques et de ses descriptions, et l'on croit devoir se borner à présenter le résumé des réponses aux sept questions posées dans le programme de l'académie.

Sur la 1re question, M. Blanqui répond qu'il n'existe pas, à proprement parler, d'*éducation* pour les enfants d'ouvriers, mais seulement une instruction incomplète. Point de leçons de morale, point de bons exemples; oubli complet de l'enfant quand il approche de l'âge viril.

Sur la 2me question, il répond que la vie de famille contribue à fortifier des habitudes d'ordre et d'économie parmi les classes ouvrières; il en donne pour preuve la différence qui existe entre les travailleurs des villes et ceux des campagnes. L'intempérance, l'ivrognerie et l'abus du tabac sont les fléaux les plus habituels des ouvriers des manufactures. — L'esprit religieux est bien rare et purement passif parmi les ouvriers. — Ils ne lisent jamais de livres pieux ou édifiants, mais des chansons grivoises, des romans licencieux et des journaux violents.

Sur la 3me question, il répond que, maintenant que l'on a perfectionné les appareils des industries chimiques et amélioré les conditions hygiéniques du travail, et sauf un petit nombre d'exceptions, ce n'est pas du caractère matériel de leur travail que résultent pour les ouvriers des manufactures les inconvénients les plus graves, mais que l'effet exercé sur leur santé et sur leur caractère est bien plutôt dû au système général de distribution de travail, à sa durée, et au mélange des sexes et des âges.

Sur la 4me question, il répond que les causes du malaise des populations ouvrières sont bien plus fréquentes dans les populations manufacturières que dans les populations agricoles. Les chômages funestes, et cependant inhérents aux grandes manufactures, ne sont ni aussi fréquents ni aussi dangereux pour les ouvriers de l'agriculture.

Sur la 5me question, il répond que les industries les plus exposées aux chômages sont les manufactures de coton, de fil et de lainage, et que la cause de ces chômages vient de l'excès de production et du défaut de débouchés.

Sur la 6me question, il répond que l'association, telle qu'on la prêche aujourd'hui aux ouvriers, n'est qu'un instrument de guerre, dont les propagateurs ne dissimulent point la destination offensive. — Les associations de secours mutuels peuvent être profitables aux ouvriers; toute autre association ne peut leur être que funeste.

Sur la 7me et dernière question, il répond que les progrès en bien-être matériel dans la condition des ouvriers, depuis vingt-cinq ans, sont immenses; qu'ils sont mieux logés, mieux vêtus et mieux nourris ; qu'ils reçoivent plus d'assistance dans leurs malheurs ; que leur prévoyance est favorisée par les caisses d'épargne; mais qu'il n'en est pas de même de leur perfectionnement moral, qui semble avoir suivi une marche inverse. « Un sentiment pro» fond d'orgueil s'est emparé des classes ouvrières, et les domine » à leur insu. Elles ont assez d'instruction pour apercevoir le côté » faible des institutions humaines, et elles n'en ont pas assez pour » les réformer d'une manière sérieuse et durable. Le préjugé » funeste de la souveraineté absolue de la force les aveugle, au » point de leur faire croire qu'on peut tout oser, tout tenter, tout » refaire par la seule supériorité du nombre. » — Voilà la cause d'où proviennent tous les maux.

L'auteur termine son œuvre remarquable en s'adressant cette question : *Qu'y a-t-il donc à faire?* Et il répond : « En première » ligne, une législation spéciale sur les logements.... En seconde » ligne, il faut s'emparer des enfants et ne les point quitter avant » qu'ils aient échappé au travail criminel et prématuré de l'atelier, » qui les démoralise et les tue..... En troisième ligne , il faudra » rendre plus efficace et plus moralisateur l'enseignement des » écoles. Au sortir des écoles, les adultes de la classe ouvrière » prennent trop souvent leurs degrés dans les cabarets ou dans » les réunions de parti, qui leur pervertissent l'esprit et le cœur. » Cette lacune doit être comblée, sous peine de rendre stériles » tous les soins prodigués aux enfants durant le premier âge. »

11e *Traité.*—DE LA PROVIDENCE, *par M. Damiron , de la section de Philosophie.*

L'auteur déclare, en commençant, qu'il ne se propose pas de faire un Traité complet de la divine Providence, mais qu'il se borne à rechercher précisément *ce que prouvent en Dieu le bien et le mal qui se voient dans l'homme.*

S'occupant, dans un premier chapitre, du bien qui se voit en l'homme, il le trouve : 1° dans le fait d'être créé ; 2° dans les facultés de l'intelligence, de la sensibilité et de la liberté ; 3° dans ses rapports avec la nature, avec la société et avec Dieu. Tous ces biens nous sont donnés et composent le bien de naissance et de nature, ou le bien métaphysique. Nous avons, en outre, le bien moral que nous acquérons par nos travaux et notre perfectionnement, et qui produit en nous la sagesse et la bonté. — La conséquence pour nous du bien métaphysique et du bien moral est du bonheur, qui se trouve ainsi être un bienfait ou une récompense.

Dans le deuxième chapitre, l'auteur dit que le mal qui existe dans l'homme se montre : 1° dans le fait ou la nécessité d'être créés, au lieu d'exister par nous-mêmes ; 2° dans les limites et les imperfections de notre existence et de nos facultés. Voilà le mal inhérent à notre nature, ou métaphysique. Le mal devient mora quand nous l'aggravons par notre volonté ou par notre faute. — La conséquence du mal est du malheur : celui qui suit le mal métaphysique est une épreuve, et celui qui suit le mal moral est le châtiment.

Dans le troisième chapitre, l'auteur, tout en reconnaissant que l'on peut trouver dans le spectacle de la nature extérieure l'idée d'un Dieu créateur, dit que ce n'est qu'en considérant notre ame et les facultés dont elle est douée que nous concevons un Dieu moral, un Dieu d'amour et de justice ; d'où il conclut que la meilleure manière de prouver la Providence est d'examiner le bien et le mal qui existent en nous, pour en tirer des conséquences relativement à Dieu.

Dans le chapitre quatrième, l'auteur établit que le bien qui existe dans l'homme a pour auteur Dieu, ce qui prouve qu'il est rempli de ce bien, et qu'il est parfait et bon.

Dans le chapitre cinquième, l'auteur dit que l'on ne doit pas conclure du mal qui existe dans l'homme que Dieu en soit l'auteur, et qu'il y ait du mal en lui. Le mal métaphysique est une épreuve qui a de bienfaisants résultats, et le mal moral est la faute de l'homme et entraîne la punition.

Dans le chapitre sixième, l'auteur s'occupe de rechercher comment la Providence nous gouverne, et quels moyens elle emploie pour nous conduire et nous pousser à agir. Il signale quatre de ces moyens comme principaux, qui sont : la grace, l'épreuve, la récompense et la peine. — Il attribue à chaque moyen ses lois, qui sont : pour la grace, de prêter à l'homme sur la terre un secours du Ciel proportionné à ses infirmités et à ses besoins ; pour l'épreuve, de la proportionner aussi à la force et à la faiblesse de chaque homme ; pour la récompense et pour la peine, une juste proportion entre l'action et la récompense dont elle est digne, ou la peine qu'elle mérite.

Dans le septième et dernier chapitre, l'auteur présente et développe quelques applications morales de la doctrine qu'il a exposée, et que l'on peut résumer de la manière suivante : Si vous souffrez, c'est par votre faute ; mais c'est aussi quelquefois parce que vous êtes éprouvé. Si vous êtes heureux, c'est parce que vous l'avez mérité ; mais ce n'est pas seulement par un droit à la récompense, c'est aussi par une faveur. L'auteur termine en insistant sur la maxime, que le mal ou la douleur est une épreuve qui doit tourner à notre avantage, et que nous devons travailler sans cesse à rapporter nos facultés naturelles à leur véritable destination, qui est, pour l'intelligence, la sagesse; pour l'amour, la bonté; et pour la volonté, la vertu.

12me *Traité.*—DE LA SANTÉ DU PEUPLE, *par M. Lélut, de la section de Philosophie.*

Parmi les points capitaux qui se rattachent au bonheur d'une nation, et qui doivent faire l'objet des soins du Gouvernement, l'auteur a choisi ce qui concerne la santé des classes peu fortunées, qu'il désigne sous le nom de *peuple*; et il se propose d'examiner : 1° ce qu'on faisait jadis pour la santé du peuple; 2° ce qu'on fait maintenant; 3° ce qui reste à faire; 4° enfin ce que le peuple peut faire lui-même.

Depuis l'établissement du Christianisme, on s'est occupé de secourir les pauvres malades; on a fondé des hôpitaux et des hospices; mais ces divers établissements ont marché d'une manière lente et imparfaite.

Depuis 1789, les soins donnés à la santé du peuple ont fait d'immenses progrès, ce qui est prouvé par l'énumération des nombreux hôpitaux fondés de nouveau, et des grandes améliorations apportées dans tous ceux qui existaient.

Il y a cependant encore beaucoup d'améliorations possibles : l'hygiène pour prévenir, et la médecine pour guérir les maladies.

Ces améliorations peuvent être favorisées par le concours du peuple lui-même, qui peut et doit suivre les règles de la tempérance, de la propreté et de l'économie.

Tel est le résumé ou plutôt le cadre dans lequel M. Lélut a renfermé l'énoncé, aussi clair que précis, de ce que la science pratique a ajouté chez lui à un grand fonds de sagesse et de discernement.

Voilà la substance des douze Traités, et je ne pense pas que personne dise qu'ils pussent être ni mieux conçus, ni mieux écrits.

Nous pouvons maintenant tirer toutes les conséquences et apercevoir tous les enseignements qui résultent du grand fait moral de la publication des Petits Traités, et je les précise de la manière suivante :

La science et la raison humaine sont impuissantes pour remédier seules aux maux et aux dangers qui menacent la société.

La conséquence est brève, et l'enseignement est court; mais ils sont l'un et l'autre d'une immense gravité pour l'espèce humaine tout entière.

Si, en effet, la raison et la science sont insuffisantes pour conjurer les maux qui nous menacent, il faut se déterminer à chercher ailleurs un refuge et un moyen de salut; ou bien il faut se résoudre à voir périr la civilisation et la société, à déchoir de la qualité d'homme, à retomber dans l'état de la brute, et dans un état plus fâcheux encore, parce que notre raison nous resterait pour en apprécier toute la dégradation et toute l'horreur.

Mais serait-il donc vrai que cette divine Providence, que l'on reconnaît et que l'on proclame, n'eût donné à l'homme que sa raison pour trouver des moyens de traverser le cours de sa vie sur la terre ? Serait-il vrai qu'elle ne lui eût pas donné elle-même des règles, des préceptes et des lois pour le guider dans toutes ses actions, pour maintenir et conserver l'individu, pour maintenir et conserver la société pour laquelle il est formé, pour maintenir et conserver la civilisation, conséquence et perfectionnement de la société ?

Heureusement cette terrible supposition n'est pas vraie ; heureusement Dieu n'a pas ainsi délaissé l'homme à lui-même. Il lui a révélé les lois qui doivent le conduire, le protéger et le conserver : ces lois existent ; c'est à elles seules qu'il faut recourir, et l'on y trouvera un refuge assuré contre tous les dangers, et un remède certain contre tous les maux qui menacent le genre humain ; refuge et remède qui n'existent ni dans la raison humaine, ni dans la science, fruit de cette raison.

C'est cette consolante vérité que je vais prouver dans mon cinquième et dernier chapitre.

CHAPITRE V.

A quels moyens faut-il avoir recours pour combattre les dangers qui menacent la société.

Je comprends toute la grandeur et toute la difficulté de la tâche que j'entreprends dans ce chapitre. Cependant je vais m'y livrer avec un vif sentiment de la satisfaction et de l'espérance que fait naître la conviction profonde; mais cette satisfaction et cette espérance ne doivent pas m'empêcher de mettre dans cette œuvre tout l'ordre et toute la clarté qui seront en ma puissance pour en faciliter l'intelligence et l'adoption.—Je vais donc diviser ce chapitre en trois sections. Dans la première, je rechercherai pourquoi la science humaine ne peut fournir les moyens de conjurer les maux qui nous menacent ; dans la deuxième, je dirai comment la révélation ou le christianisme nous offre ces moyens ; enfin, dans la troisième, je rappellerai et j'établirai les motifs qui doivent nous porter à recourir à cette religion révélée, comme au seul refuge et au seul moyen de salut.

SECTION PREMIÈRE. — *Pourquoi la science humaine est-elle impuissante à conjurer les dangers qui menacent la société.*

Le premier pas à faire dans la recherche des causes de l'impuissance de la science humaine pour s'opposer au danger qui menace l'ordre social, c'est de reconnaître la nature et les causes de ce danger.

La nature du danger frappe tous les yeux et est évidente pour tout le monde : c'est le mépris de toute autorité, de toute loi, de tout frein, de toute retenue ; c'est l'appel et le recours à la force brutale et matérielle pour décider de tout ; c'est l'intention de tout soumettre au même niveau, et comme on ne peut élever tout le monde au haut degré de l'échelle sociale, de le rabaisser au plus bas ; c'est, en un mot, de détruire la société avec ses hiérarchies, et de la refouler vers la barbarie.

Mais si l'on reconnaît aisément la nature du mal, il est plus difficile d'en découvrir les causes, et l'on ne s'accorde pas aussi généralement sur celles que chacun lui assigne.

Le gouvernement, en s'adressant à l'académie des sciences morales et politiques, lui demandait *de concourir à la défense des principes sociaux attaqués par des publications de tout genre*, et il signalait ainsi ces publications comme causes du mal. L'académie a accepté la proposition sur la même base, et elle a répondu que toutes ses sections s'appliqueraient *à soutenir avec un empressement égal les grands principes sociaux.*

On a donc supposé que les attaques que l'on publiait contre les principes sociaux étaient la cause du mal ; et comme ces principes émanaient de la science et de la raison humaine, on a pensé que c'était à cette science et à cette raison qu'il appartenait de les défendre.

Cette supposition est une grave erreur. Sans aucun doute, les principes sociaux sont attaqués ; mais ces attaques sont les symptômes du mal. Elles sont au nombre des armes que l'on emploie pour l'opérer ; elles n'en sont pas la cause première. Cette cause existe uniquement dans le mobile des actions des hommes, qui, dans le siècle où nous vivons, est faussé et corrompu, et qu'il s'agit de redresser et de régénérer. Cette proposition a besoin d'un certain développement, que je m'empresse de lui donner.

Naturellement et par instinct, le mobile qui détermine les actions des hommes est leur intérêt personnel et ce qu'ils appellent leur bonheur : c'est ce qu'ils désirent ardemment ; c'est vers cela qu'ils tournent sans cesse leurs regards et qu'ils dirigent tous leurs efforts. Crainte du mal et désir de l'éviter ; espérance du bien et désir de l'obtenir : voilà pour la généralité des hommes les motifs d'agir. Mais ce bonheur après lequel ils aspirent, et ces biens qu'ils désirent, n'ont pas un seul et même type, ne sont pas en tout et partout une même chose, une chose immuable. Aux diverses époques de l'histoire, et suivant les sentiments plus ou moins religieux et plus ou moins moraux qui les animaient, les hommes ont souvent changé l'objet de leurs désirs. La satisfaction des premiers besoins a toujours été au premier rang des choses auxquelles on attribuait le bonheur ; mais ces besoins ne sont pas toujours restés dans leurs justes bornes, et ils ont changé de nature et d'étendue. Il y a des besoins matériels et des besoins spirituels. A diverses époques, et suivant les temps et les lieux, l'homme les a fait prévaloir les uns sur les autres ; aujourd'hui on en est arrivé au point de ne concevoir de jouissances que dans les biens matériels, terrestres et temporels. Obtenir le plus de richesses, d'emplois et de pouvoir que l'on peut, et les obtenir le plus vite possible, voilà où aspirent presque tous les hommes, voilà le mobile de leurs actions, voilà ce qu'ils veulent obtenir à tout prix. Aussi, pour y parvenir, ne voyons-nous pas tous les jours sacrifier scandaleusement tous les principes que l'on avait jusqu'à présent considérés comme les bases de l'ordre social, et violer ouvertement tout ce qui était reconnu comme règles de l'honnête et du juste? On ne s'est point cru dans l'aisance tant que l'on a vu à côté de soi un riche, et l'on ne s'est point cru riche tant que l'on en a vu un plus opulent.

A cette malheureuse disposition des sentiments sont venus se joindre l'existence des partis et le funeste esprit qui les anime, esprit d'abnégation et d'oubli de sa raison, de sa volonté et de sa responsabilité personnelle ; esprit qui nous a montré et qui nous montre encore chaque jour les personnes que l'on devait considérer comme les sommités sociales et les exemples des autres, braver toutes les règles de ce qu'on avait appelé jusqu'à présent bonne foi, candeur, vérité, loyauté, justice; profaner le serment, s'allier avec ses ennemis certains et déclarés, pour combattre et renverser d'autres ennemis, et ensuite détruire ceux avec lesquels on avait fait une alliance momentanée.

Croit-on que ces hommes, qui sont disposés à tout sacrifier à la prompte acquisition d'immenses richesses, ou à l'entraînement coupable de l'esprit de parti, ne connaissent pas, ou bien oublient les principes sociaux, les devoirs de l'homme social, la nature et les conditions de la propriété, du travail, des richesses? Non, ils ne les ignorent pas; non, ils ne les oublient pas; mais ils les bravent et ils les méprisent, quand ils ne peuvent servir à leurs desseins; mais ils les attaquent pour se créer des partisans ou des satellites, et pour empêcher qu'on ne les invoque contre eux.

Justifions cette théorie par des exemples d'application.

Lorsque plusieurs ambitieux ont voulu, en 1849, faire une nouvelle révolution, renverser le Gouvernement et l'Assemblée, bouleverser la France, et même l'Europe, était-ce parce qu'ils ignoraient les principes sur lesquels repose l'ordre social? Personne n'osera le dire. Mais tout le monde sait et tout le monde dira que c'était parce qu'ils voulaient s'emparer du pouvoir et de l'autorité pour s'en servir à leur profit et dans leur intérêt personnel. Ce n'est sans doute pas en reproduisant les vrais principes sur lesquels repose la société qu'on les aurait décidés à renoncer à leurs projets.

Lorsque, pour tromper les masses et les décider à leur prêter leur appui, ces mêmes personnes leur prêchent la haine contre la propriété, contre le capital, contre l'inégalité des fortunes, contre l'hérédité, etc., etc., et qu'ils leur promettent comme conséquence des salaires sans travail et des biens sans soins ni peines, est-ce en prêchant à son tour aux masses que l'inégalité des richesses est nécessaire, que la propriété et le capital doivent être respectés, que le salaire ne doit être que le prix du travail, et que l'un et l'autre sont libres, etc., etc., que l'on paralysera l'effet des mauvaises doctrines qui leur sont présentées? Non encore, et voici pourquoi : c'est parce que ces masses n'ont pour mobile de leurs déterminations et de leurs actions que le bien-être matériel ; que ce bien-être ne peut pas toujours être la conséquence forcée d'une conduite morale et régulière ; qu'il faut d'autres motifs d'action que ce bien-être matériel pour faire des choses qui ne le produisent pas immédiatement ; qu'il faut d'autres espérances et d'autres craintes que celles de l'acquisition ou de la perte des biens matériels. Or, ce n'est pas un Traité de la propriété, de l'inégalité des richesses, de la vraie démocratie, ni des autres connaissances humaines sur la morale et la politique, qui donnera naissance à ce mobile des actions humaines qui doit toujours les diriger vers l'ordre et la justice.

Mais, me dira-t-on peut-être, vous niez donc que la science humaine aille jusqu'à la connaissance de la morale sincère et efficace, de la morale qui puisse assurer le repos et la prospérité de l'homme, de la famille, de l'Etat ; vous refusez donc à la raison humaine le pouvoir de trouver les principes de cette morale, de les formuler, de les enseigner et de les pratiquer ?

Je ne nie rien de tout cela, je ne refuse aucune de ces choses. Oui, la raison humaine a formulé des règles de conduite pour l'homme ; oui, elle a déterminé et précisé ses devoirs dans l'état où il se trouve sur cette terre ; mais ce qu'elle n'a pas fait et ce qu'elle ne peut pas faire, c'est de donner à ses principes et à ses prescriptions une sanction pénale, c'est-à-dire un mobile, un excitant, un motif, une raison absolue de suivre ces règles et d'accomplir ces devoirs, et que dès-lors ces devoirs et ces règles restent à l'état de simples préceptes, de simple exhortation, de simple conseil, que l'on demeure libre de suivre ou de ne pas suivre, d'exécuter et de mépriser.

La raison et la science humaine seules font des lois positives, qui sont accompagnées d'un mode suffisant pour en assurer l'exécution, c'est-à-dire qui ont leur sanction pénale ; mais la loi civile se réduit aux cas les plus ordinaires qui se présentent dans la vie des hommes, et il y en a une foule d'autres qui échappent à la loi, et pour lesquels cependant il faut aussi non-seulement des lois et des préceptes, mais encore un moyen d'assurer l'exécution de ces préceptes et de ces lois, et c'est ce que la science humaine ne fait pas et ne peut pas faire ; elle s'arrête à la loi positive,et ne va pas plus loin. Or, pourrait-on concevoir, pour le gouvernement ou le chef d'une nation,la possibilité d'y maintenir l'ordre, la paix et la prospérité, avec de simples préceptes de morale et de simples conseils de sagesse,sans aucun moyen de contraindre à les suivre et d'empêcher qu'on ne les viole ? Je ne crains pas qu'une seule personne raisonnable soutienne l'affirmative.

Voilà pourquoi je crois qu'il doit demeurer comme prouvé et comme certain que la science et la raison humaine seules ne peuvent pas remédier aux maux et s'opposer aux dangers qui menacent l'ordre social, parce que ces maux et ces dangers viennent de l'absence de moyens suffisants pour déterminer les hommes à faire tout ce qui est nécessaire pour le maintien de la société et de la civilisation, et à s'abstenir de tout ce qui pourrait les détruire, et que la science et la raison humaine seules ne peuvent pas donner ces moyens et ces mobiles aussi puissants que nécessaires.

Où donc peut on et doit-on les chercher avec espoir et même certitude de les trouver? Je l'ai déjà dit : c'est dans la révélation, c'est dans le christianisme, c'est dans la parole de celui qui a créé le monde, qui le gouverne et qui doit le conduire à sa fin. Voilà ce que je vais établir dans la section suivante.

SECTION DEUXIÈME. — *C'est dans la révélation seule que l'on peut trouver les moyens de conjurer les dangers qui menacent la société.*

Commençons par nous former une idée des conditions que nous croirions propres à garantir les citoyens et la société de toute agression violente, de toute lutte injuste, de tout attentat contre la personne et les biens des autres, contre l'ordre et la paix publics.

Supposons qu'il existe un Code dans lequel tous les devoirs des hommes envers eux-mêmes et envers leurs semblables, relativement à la personne et relativement aux biens, sont écrits de la manière la plus simple, la plus claire, la plus positive et la plus complète; dans lequel se trouvent pour l'homme, considéré en lui-même, toutes les règles de la tempérance, de la modération, de la résignation, de l'égalité de l'ame, de la douceur du caractère; dans lequel, pour l'homme considéré dans les diverses conditions de la famille, se trouvent toutes les règles de conduite pour les époux, pour les parents, pour les enfants, pour les maîtres, pour les domestiques; dans lequel soient prescrits, pour les devoirs généraux envers tous les hommes, l'amour réciproque qui, sous le nom divin de charité, nous impose le support mutuel, la compassion, l'assistance, l'estime, la bienveillance, l'entretien de la paix, les ménagements, la condescendance, l'union des cœurs , la bénéficence , la défense de ne rien faire aux autres que nous ne voudrions pas qu'on nous fît , et de faire pour eux tout ce que nous voudrions qu'ils fissent pour nous ; dans lequel enfin , pour les devoirs d'homme à homme , il fût ordonné le respect le plus inviolable pour la parole donnée , la prohibition la plus absolue de toute fraude , de toute tromperie , de toute séduction , la condamnation la plus absolue de tout mensonge , de tout faux serment, de toute entreprise , de tout excès , même de toute envie et de toute convoitise sur la personne ou sur les biens des autres ;

Que l'on suppose encore que cette collection de préceptes et ce corps de doctrine soient accompagnés de promesses et de menaces annonçant du bonheur dans cette vie, et un bonheur bien plus grand par sa nature et par sa durée dans la vie à venir, pour ceux qui suivront ces préceptes et qui pratiqueront cette doctrine, et le malheur éternel de la vie future, précédé du malheur sur cette terre,pour ceux qui rejetteront la doctrine et mépriseront les préceptes ;

Que l'on suppose enfin que les hommes aient la conviction de la vérité de ces promesses et de ces menaces, ou que même seulement ils aient de graves motifs pour croire à cette vérité, pour craindre ces menaces et pour espérer dans ces promesses ;

Que l'on se demande maintenant si l'on croit que la nation qui possédera ce Code si sage et si complet en lui même, et dont l'exécution se trouvera soumise à une aussi énergique sanction pénale, pourra voir naître dans son sein aucun des dangers, aucun des desseins, aucune des tentatives, aucun des attentats qui menacent aujourd'hui la société.

Serait-ce sous l'empire d'une pareille législation que l'on verrait les hommes que distinguent leur fortune, leurs connaissances, leurs titres et leurs emplois, donner, du haut de l'échelle sociale où ils sont placés, les exemples funestes de l'ambition effrénée, de l'orgueil incorrigible, de l'avarice et des autres mauvaises passions au service desquelles ils ne rougissent pas de se mettre : le mensonge, le parjure, les alliances scandaleuses, la calomnie ; enfin tout ce qui constitue les vices les plus honteux, mais qui ne va pas jusqu'aux crimes prévus et réprimés par nos lois pénales ?

Serait-ce sous l'empire d'une pareille législation que l'on verrait presque tous les hommes, mécontents de leur position, envieux de celle des autres, mettre tout en œuvre pour renverser, par tous les moyens possibles, ceux qui font obstacle à leurs désirs insatiables ?

Serait-ce sous l'empire d'une pareille législation que l'on verrait attaquer incessamment la propriété, le capital, le salaire, l'ordre, la liberté dans les transactions entre le capitaliste et le travailleur, l'industriel et l'ouvrier ?

Serait-ce sous une pareille législation que l'on verrait le commerce, fondé presque uniquement sur la fraude dans les matières premières et dans la fabrication, ne présenter aucune sécurité pour le consommateur ?

Serait-ce, enfin, dans une pareille législation que l'on verrait abuser des mots de liberté, d'égalité et de fraternité, pour soulever une partie des citoyens contre l'autre, exciter des troubles, des émeutes, et même des révolutions ?

Je ne crains pas d'affirmer que l'on ne verrait aucun de ces affligeants et dangereux spectacles, parce que ceux qui y jouent les malheureux rôles seraient retenus et empêchés, quelques-uns, par l'amour des lois, des préceptes et des maximes, dont ils auraient reconnu la source respectable, l'excellence et l'utilité; un certain nombre, par les bons effets et le bonheur temporel qu'ils auraient déjà obtenus en les suivant; et tous les autres, par l'espoir de la récompense et la crainte du châtiment qui seraient attachés à l'observation ou au mépris de ces lois et de ces préceptes.

Hé bien! la législation dont j'ai parlé, et qui ne vient pas des sciences ni de la raison humaines; la législation qui prévoit tous les cas dans lesquels l'homme peut se trouver, et qui lui prescrit des règles certaines de conduite et d'action; la législation qui joint à ces prescriptions la sanction pénale la plus énergique qu'il soit possible de concevoir, elle existe; elle a commencé avec le monde; elle a été écrite en partie, et à plusieurs reprises, en remontant à plus de 1,500 ans avant l'ère chrétienne; elle a été completée au commencement de cette ère, c'est-à-dire il y a plus de dix-huit siècles: en un mot, c'est la révélation, c'est la religion chrétienne, qui nous présente l'homme créé parfait, n'ayant en lui que le bien et devant jouir d'un bonheur éternel; l'homme tombé et déchu par sa désobéissance, et, par suite, soumis à l'empire du mal et de la mort; l'homme n'étant pas condamné irrévocablement, et Jésus-Christ venant lui apporter son salut et les moyens de l'obtenir. Ces moyens, annoncés de la part de Dieu par le Sauveur des hommes et par ses apôtres, et qui sont la foi et l'espérance dans le Sauveur du genre humain, la résistance au mal et la pratique du bien; la conduite et les actions des hommes fondées sur ces deux bases, qui ont tous les caractères divins : *amour de Dieu et amour des hommes* ; enfin les promesses de bonheur et de salut pour ceux qui feront le bien, et les menaces de malheurs et de perdition pour ceux qui s'abandonnent au mal : voilà ce que je trouve dans la révélation et dans la religion chrétienne, comme moyen efficace d'améliorer le genre humain, de réprimer les impulsions et les effets du mal qui existe dans l'homme, de favoriser et d'exciter les impressions et les effets du bien qui existe aussi en lui, enfin de sauver l'ordre social.

Voyons maintenant si la révélation, ainsi précisée, remplit les deux conditions que j'ai annoncées.

Et, d'abord, contient-elle toutes les maximes et toutes les règles de conduite qui peuvent assurer la conservation et la prospérité de l'ordre social ?

Pour résoudre cette question, les premières choses que l'on doive reconnaître et déterminer, sont évidemment la nature de l'homme, sa destination et sa fin. Or, voici ce que le christianisme nous révèle sur ces points si graves et si importants.

La nature de l'homme est d'être composé d'un corps tiré de la terre, matériel comme elle et périssable, et d'une ame émanée du souffle de Dieu, immatérielle et immortelle. Cet être, avant sa chute, ne possédait en lui que le bien ; mais, depuis sa désobéissance, il est devenu enclin au mal, et il offre maintenant un étrange mélange de bons et de mauvais penchants.

La destination et la fin de l'homme étaient, avant sa déchéance, l'immortalité et le bonheur éternel ; mais, depuis sa chute, cette destination et cette fin sont le travail sur la terre, la mort du corps, la résurrection, l'entrée dans une autre vie qui n'aura plus de fin, et dans laquelle le bonheur sera la récompense de l'accomplissement des devoirs dans la première, comme le malheur sera la punition de leur mépris.

Si maintenant je consulte les docteurs de la science et de la raison humaines sur cette nature de l'homme, sur sa destination et sur sa fin, voici ce que je trouve :

Sur la nature de l'homme, les uns la font à peine supérieure à celle des autres animaux, ou au moins n'attribuent sa supériorité qu'à la supériorité de ses organes. Ils ne lui reconnaissent pas une ame immatérielle et immortelle, et ils font tout périr en lui par la mort, qui le replonge dans le néant.

Sur le mélange de bien et de mal, de bons et de mauvais penchants qui se trouvent dans l'homme, et qui ne peuvent être ni méconnus ni niés, nous ne trouvons que des explications aussi vagues qu'incertaines, et dont les unes vont jusqu'à supposer qu'i existe deux génies ayant un égal pouvoir dans le monde sur les hommes, et dont l'un, génie du bien, leur inspire les bonnes pensées, et dont l'autre, génie du mal, ne leur en inspire que de mauvaises et de pernicieuses.

Sur la destination et sur la fin de l'homme, les interprètes de la science et de la raison humaines sont encore plus divisés et plus opposés entre eux. Les uns nous disent que c'est le bonheur matériel, la jouissance de tous les biens de la nature, la prolongation de notre vie et une mort douce et tranquille. Les autres nous disent que c'est un combat et une résistance perpétuels ; d'autres que c'est un perfectionnement sans limites, ou au moins dont les limites ne sont pas connues. Par suite de ces différentes conceptions, non-seulement ils prescrivent à l'homme des devoirs différents, mais encore ils arrivent à ces deux conséquences opposées, dont l'une nous présente l'homme qui remplit le mieux les devoirs de sa vocation comme le plus heureux des êtres, et l'autre nous le présente, au contraire, comme le plus malheureux.

Si maintenant, après avoir considéré la nature, la destination et la fin de l'homme sur la terre, nous voulons rechercher les devoirs qu'il doit y accomplir, nous trouvons dans la révélation le grand principe de tous les devoirs de l'homme, posé avec une netteté, une énergie et une autorité qui annoncent sa source divine : principe que jamais la raison humaine n'avait pu découvrir, dont elle n'avait jamais parlé, auquel elle n'a pu rien trouver d'équivalent. Ce principe est celui de l'amour du prochain ; c'est celui de *la charité* (1).

C'était un principe nouveau et jusque-là inconnu aux hommes, et Jésus-Christ l'annonçait comme tel à ses disciples : « Je vous » donne, leur disait-il, *un commandement nouveau* : que vous vous » aimiez les uns les autres ; que comme je vous ai aimés, vous » vous aimiez aussi. » Et, pour démontrer toute l'importance de ce commandement, il en faisait la bannière, le drapeau, le signe distinctif de reconnaissance et de ralliement de ceux qui voulaient le prendre pour chef et pour conducteur ; et il ajoutait : « C'est à cela que tous connaîtront que vous êtes mes disciples, » si vous avez de l'amour les uns pour les autres. » Il allait plus loin, il mettait ce précepte au-dessus de tous les autres ; il en faisait le résumé de tous ceux qui étaient contenus dans la loi et

(1) Ce mot *charité* ne signifie pas l'aumône ni l'assistance ; il signifie l'amour dans son plus vaste développement : je vais bientôt en signaler les caractères.

dans les prophètes. Un des Pharisiens, avec lesquels il conversait, lui ayant demandé quel était le plus grand commandement de la loi, il répondit aussitôt : « Tu aimeras le Seigneur ton » Dieu de tout ton cœur, de toute ton ame et de toute ta pen» sée : c'est là le premier et le grand commandement ; et voici le » second *qui lui est semblable :* Tu aimeras ton prochain comme » toi-même. Toute la loi et les Prophètes se rapportent à ces » deux commandements. »

Pendant tout le cours de son saint ministère, Jésus-Christ ne cessa point de répéter ce précepte et de le mettre en pratique, voulant ainsi le graver plus profondément dans le cœur des hommes par ses paroles et par ses actions. Après lui, ses apôtres en firent aussi la base de tous leurs actes et de tous leurs enseignements.

Voici quelques textes de la Bible à l'appui de cette assertion.

« Celui qui dit qu'il est dans la lumière et qui hait son frère, » est encore dans les ténèbres : celui qui aime son frère demeure » dans la lumière, et il n'y a rien en lui qui le fasse broncher.... » Quiconque ne fait pas ce qui est juste et n'aime pas son frère, » n'est pas de Dieu..... Mes bien-aimés, aimons-nous l'un l'autre, » car la charité est de Dieu, et quiconque aime les autres est né » de Dieu, et il connaît Dieu : celui qui ne les aime point n'a » point connu Dieu, car Dieu est amour..... Dieu est charité, » et celui qui demeure dans la charité demeure en Dieu, et Dieu » demeure en lui..... Quand j'aurais le don de prophétie et que » je connaîtrais tous les mystères et la science de toutes choses, » et quand même j'aurais la foi jusqu'à transporter les monta» gnes, si je n'ai point la charité, je ne suis rien : et quand même

» je distribuerais tout mon bien pour la nourriture des pauvres ,
» et que même je livrerais mon corps pour être brûlé , si je n'ai
» point la charité, cela ne me sert de rien. »

Quels sont donc les vrais caractères de cet amour et de cette charité , fondement et source de tous les devoirs des hommes ? C'est encore la révélation seule qui nous les donne dans les termes suivants :

« La charité est patiente , elle est pleine de bonté ; la charité
» n'est point envieuse ; la charité n'est point insolente ; elle ne
» s'enfle point d'orgueil ; elle n'est point malhonnête ; elle ne
» cherche point son intérêt ; elle ne s'aigrit point ; elle ne soup-
» çonne point le mal ; elle ne se réjouit point de l'injustice , mais
» elle se réjouit de la vérité ; elle excuse tout , elle croit tout, elle
» espère tout , elle supporte tout ; la charité ne périt jamais.»

Ce principe de la charité eût sans doute suffi seul pour déterminer et régler toutes les actions des hommes, et pour les diriger vers le bien ; mais la Bible ne se borne pas à son énonciation, elle précise tous les devoirs des hommes, dans toutes les situations de la vie, et les détermine tous sur le type et avec les conditions de la charité. On pourrait prouver cette assertion en citant toute la Bible; car il n'y a guère de chapitre, on pourrait presque dire de versets, qui ne contiennent un enseignement, un précepte ou un commandement. Je crois inutile de faire ces citations; je ne crois pas que personne prétende que les préceptes de morale de l'Ecriture sainte soient faux, erronés ou insuffisants. Ce n'est pas sous ce rapport que l'on conteste son étendue et sa perfection, et je pense avoir suffisamment prouvé ma première proposition , que j'ai énoncée plus haut, et qui consiste à dire que la révélation contient toutes les maximes et toutes les règles de conduite capables de maintenir l'ordre, la paix et la prospérité dans la société des hommes sur la terre. Mais contient-elle aussi la sanction pénale de ces maximes et de ces préceptes ? Contient-elle des motifs suffisants pour agir sur la volonté des hommes et pour les déterminer à s'y conformer et à les suivre ? Pour répondre à ces questions, il suffit d'ouvrir la Bible où l'on voudra, et l'on y trouvera partout les promesses les plus magnifiques pour ceux qui suivent ses divins préceptes, et les menaces les plus effrayantes contre ceux qui les méprisent; promesses et menaces qui ne s'arrêtent pas à la vie présente, mais qui embrassent aussi la vie future, vie qui ne finira point, et qui constituera ainsi une éternité de bonheur ou de malheur. Il me paraît inutile de rapporter ici aucun texte. Ils sont connus de tous ceux qui ont reçu la moindre idée et la plus légère notion du christianisme. D'ailleurs, ces textes ne sont pas méconnus par ceux qui repoussent la révélation. Leur excellence, leur perfection, leur efficacité, ne sont pas non plus méconnus ni contestés; mais tous ces aveux et toutes ces reconnaissances sont soumis à une condition, et cette condition est la preuve de la révélation.

Nous arrivons au point capital du sujet que nous avons essayé de traiter, et qui va faire l'objet de la section suivante.

SECTION TROISIÈME. — *Existe-t-il des motifs suffisants pour admettre la révélation comme règle de conduite, avec ses promesses et ses menaces?*

Ici se présentent les doutes, les objections et les dénégations.

Oui, dit-on, la Bible contient un corps de doctrine admirable et même supérieur à tous ceux qui ont été produits jusqu'à présent par les législateurs, par les sages et par les philosophes ; oui, ce corps de doctrine, ce code magnifique contient la plus grande sanction pénale qu'il soit possible de concevoir, puisqu'elle consiste dans le bonheur pour cette vie et pour une vie future et éternelle qui est assurée à l'homme, et dans le malheur pour cette vie présente et pour cette vie future ; mais, pour adopter cette doctrine et pour la pratiquer, pour espérer ces récompenses et craindre ces châtiments, il faut que la vérité de cette révélation soit prouvée et que la divinité de la Bible soit établie. Il nous faut des motifs pour y croire, avant d'y trouver des motifs pour l'adopter. Cette preuve, ajoute-t-on, n'est pas faite, et alors l'Ecriture reste l'œuvre de l'homme et non pas de Dieu, et elle ne mérite plus ni le nom de sainte qu'on lui donne, ni l'autorité qu'on veut lui attribuer.

Examinons donc cette question de la divinité et de l'inspiration des saintes Ecritures ; examinons les objections et les doutes de la raison humaine ; examinons-les avec la raison humaine elle-même, et appelons-la devant son propre tribunal.

Et, d'abord, je demanderai à ceux qui réclament des preuves de la divinité des Ecritures, quelle espèce de preuve ils exigent? Est-ce une preuve absolue, une preuve qui n'admette pas la possibilité d'une erreur; en un mot, une preuve mathématique? On peut raisonnablement croire que ceux qui, après avoir lu la Bible avec attention, sans préjugés ni arrière-pensée, et uniquement avec le désir de savoir si elle est une révélation de Dieu, n'ont pas reconnu cette vérité et en demandent des preuves;

on peut penser, dis-je, qu'ils désirent une preuve mathématique.

Cette prétention est exagérée ; elle n'est élevée par personne lorsqu'il s'agit d'admettre un motif pour une action quelconque de notre vie, et de prévoir la réussite de cette action. Et il faut bien qu'il en soit ainsi, puisque nous n'avons de certitude sur aucune des suites et des conséquences de nos actions, que cependant nous arrêtons, nous décidons et nous entreprenons avec un seul but fixe et déterminé dans nos désirs, autant qu'il est incertain dans son événement.

Nous sortons de notre maison pour aller chercher une chose nécessaire : une tuile nous tombe sur la tête et nous blesse ou nous tue ; une voiture nous renverse et nous casse un membre, ou tout autre accident nous empêche d'atteindre le but de notre sortie.

Nous entreprenons un voyage maritime, pour nous livrer à des opérations de commerce qui doivent nous donner les moyens de vivre avec notre famille et de lui fournir l'entretien et l'éducation ; un écueil brise notre navire, une tempête l'engloutit, des pirates le capturent, et nous trouvons la mort ou la captivité à la place des liaisons commerciales que nous allions chercher.

Nous faisons étudier un fils afin qu'il devienne ou médecin, ou avocat, ou magistrat; et au lieu de profiter des connaissances qu'il a acquises pour le bien de l'état et son propre bien, il emploie ces connaissances à former des complots contre l'ordre et la paix publics. Il devient un fauteur d'émeute, de révolte et de révolutions, et, par suite, il est le fléau de sa famille, de son pays et de lui-même.

Dans tous ces cas et dans tous ceux où nous travaillons pour atteindre un but à venir, nous sommes évidemment dans une incertitude absolue, et cependant nous n'hésitons pas à nous livrer à ces travaux, nous sortons de nos maisons, nous entreprenons des voyages, nous faisons apprendre à nos enfants des professions libérales ; et nous avons raison d'agir ainsi, nous serions des insensés si nous agissions autrement, et nous éprouverions bientôt les conséquences funestes et inévitables de notre inaction.

Devrons-nous être plus difficiles et plus exigeants lorsqu'il s'agira de choisir un guide et d'admettre un motif pour déterminer l'ensemble et le principe général de nos actions, et par conséquent ce qui tient à notre bonheur présent et futur, à celui de notre famille, à celui de notre patrie, que lorsqu'il s'agira d'une action particulière et spéciale, qui peut ne pas avoir une influence décisive sur notre destinée ?

Pourrait-on dire, par exemple : Je reconnais que la morale chrétienne est parfaite, qu'elle offre à l'homme des règles de conduite excellentes, et qu'elle lui présente en même temps les motifs les plus graves et les plus puissants pour les suivre ; mais il n'est pas prouvé pour moi que le livre saint soit émané de Dieu, il n'est pas prouvé que les promesses et les menaces qu'il contient soient infaillibles ; peut-être se réaliseront-elles, mais peut-être aussi n'arriveront-elles jamais ; donc je dois la rejeter, donc je ne dois pas la prendre pour règle de conduite, donc je ne veux pas la suivre ?

On concevrait que si l'on trouvait des inconvénients présents et graves à suivre la doctrine évangélique, et que, pour se décider à subir ces inconvénients, il fallût avoir la certitude d'un avantage ; ou bien que si l'on avait une autre règle, un autre guide, un autre directeur, ou bien encore qu'on n'eût besoin ni de précepte, ni de doctrine, ni de guide, on ne voulût adopter la révélation que si l'on avait la certitude absolue de la vérité de ses préceptes, de ses promesses et de ses menaces.

Mais rien de tout cela n'existe, et aucune de ces suppositions n'est vraie.

Le christianisme n'exige aucune de ces actions qui menacent, troublent ou tourmentent la vie de l'homme ; il lui offre, au contraire, le remède le plus efficace et le plus assuré contre les maux qui affligent l'humanité, en lui présentant la résignation et la patience pour ceux qui sont inévitables et qui ne sont pas la conséquence de sa propre conduite ; il lui présente, dans la pratique de la tempérance et des autres vertus, un préservatif contre les maux qui sont la suite et la conséquence des vices et des défauts ; il lui présente, dans tous des épreuves qui doivent le conduire à une vie meilleure et complètement heureuse.

Il n'existe pour l'homme aucune autre règle, aucune autre doctrine qui puisse lui être présentée comme supérieure, ni même comme égale à celles du christianisme.

Enfin, l'homme ne peut pas se passer d'un guide et d'un conducteur, il ne peut pas se passer de doctrine. Du moment où il est né, il faut qu'il marche et qu'il s'avance dans la vie ; il faut qu'il agisse dans toutes les positions et parmi tous les événements de l'état social ; il faut qu'il arrive à la fin de sa vie ; il faut qu il considère ce qui est au delà ; et quand il n'arriverait qu'au terrible et formidable *peut-être* qui a paralysé plusieurs bras disposés à terminer, pour le corps, une vie qui paraissait insupportable ; quand il serait obligé de dire: «Peut-être mon ame est immortelle; peut-être la mort n'est que le passage d'une vie à une autre, » il sent qu'il a besoin d'être prêt pour cette éventualité, et que, par conséquent, il lui faut adopter quelque principe pour ses actions.

Il faut donc reconnaître que, dans l'impuissance d'avoir aucune certitude sur le résultat de toutes nos actions, et cependant forcés d'agir, nous sommes obligés d'agir en prenant pour règle ce qui nous paraît le plus probable ; et il faut conclure de là qu'il n'y aurait pas de raison à vouloir exiger une preuve mathématique de la vérité et de la divinité de la révélation, avant de s'y soumettre et de la prendre pour règle de sa conduite, parce que nous sommes également forcés, et même plus strictement forcés encore d'adopter une règle et de nous soumettre à un conducteur pour l'ensemble de notre vie terrestre et certaine, et de notre vie céleste, au moins possible et probable, alors même qu'on lui refuserait la certitude.

Je ne vais donc pas chercher à prouver mathématiquement la vérité de la révélation ; mais je vais, j'espère, la prouver d'une manière aussi complète que sont prouvées toutes les choses qui influent sur nos actions, que nous admettons tous les jours comme certaines, et en conséquence desquelles nous agissons.

Commençons par examiner si l'existence et la vérité d'une révélation sont des choses qui révoltent notre raison, et qui nous paraissent impossibles ou absurdes.

On reconnaît que le monde n'est pas le résultat du hasard ou la conséquence de la composition de la matière ; on reconnaît que le monde a été créé, et qu'il l'a été par Dieu ; on reconnaît que Dieu ne s'est pas borné à créer l'univers et toutes les choses animées ou inanimées qui le composent ; mais qu'il le gouverne, qu'il est providence comme il a été créateur, et que, sans cette providence, tout retomberait bientôt dans le chaos. On reconnaît que, parmi toutes les créatures de Dieu, l'homme est constitué d'une manière différente et spéciale ; qu'outre le corps, il a nécessairement une ame, douée de qualités supérieures à la matière; que cette ame doit être immortelle ; qu'elle procure à l'homme la raison, et, par cette raison, la liberté de se conduire et d'agir, guidé par d'autres causes que celle de l'instinct ou des appétits naturels.

Dans cet état de choses, la révélation de Dieu aux hommes est-elle en elle-même absurde, impossible, incroyable ? Excède-t-elle la puissance divine, à laquelle on reconnaît la faculté d'avoir créé, et la faculté de gouverner et de régir le monde et tout ce qu'il contient ? Peut-on dire que Dieu ne l'a pas voulu, lui dont la volonté de conserver l'univers, l'homme et les autres créatures, se manifeste tous les jours par l'état dans lequel tout est maintenu ? Peut-on dire que cette révélation fût inutile à l'homme, lorsqu'on voit de quelle manière il agit quand il est abandonné à lui-même, et ne reconnaît ni maître, ni législateur, ni conducteur ?

Ainsi donc, nécessité d'une règle de conduite pour l'homme ; incapacité de la trouver en lui-même ; volonté présumée de Dieu qui a créé l'homme supérieur aux autres êtres, qui s'occupe de sa conservation et de sa direction, de lui donner lui-même une règle de conduite certaine ; enfin, pouvoir certain dans Dieu de donner cette règle de conduite et ce corps de doctrine. Voilà sans doute des motifs bien puissants, non-seulement pour rejeter la supposition d'impossibilité ou d'absurdité dans une révélation, mais encore pour la faire regarder, au contraire, comme la chose la plus probable et la plus vraisemblable. Cette vraisemblance et cette probabilité sont au moins égales, sinon supérieures, à la vraisemblance et à la probabilité des évènements sur le désir ou l'espoir desquels nous décidons et nous exécutons les principales actions de notre vie. Ne devrait-on pas, dès-lors et avec cette seule donnée, regarder comme raisonnable l'admission de la révélation, qui peut nous être si utile et qui ne nous offre aucun danger.

Mais ce n'est pas à cette seule probabilité que nous en sommes réduits sur la question qui nous occupe, et nous avons de graves et nombreux motifs à ajouter.

D'abord, la considération de la révélation en elle-même, c'est-à-dire l'examen de la doctrine, des préceptes et des enseignements qu'elle contient, c'est ce qui constitue les preuves que l'on appelle *internes*.

Qu'il me soit permis d'emprunter ici le langage d'un homme qui, certes, ne peut être soupçonné ou accusé de préjugé ou d'amour en faveur de la révélation chrétienne ; qu'il me soit permis de rappeler les paroles de Rousseau : « J'avoue, dit-il, que » la sainteté de l'Evangile est un argument qui parle à mon » cœur, et auquel j'aurais même regret de trouver quelque bonne » réponse. Voyez les livres des philosophes avec toute leur pompe :

» qu'ils sont petits auprès de celui-là ! Se peut-il qu'un livre, à » la fois si sublime et si simple, soit l'ouvrage d'un homme ? — » Est-ce-là le ton d'un enthousiaste ou d'un ambitieux sectaire ? » Quelle douceur, quelle pureté dans ses mœurs ! Quelle grâce » touchante dans ses instructions ! Quelle élévation dans ses » maximes ! Quelle profonde sagesse dans ses discours ! Quelle » présence d'esprit, quelle finesse et quelle justesse dans ses ré- » ponses ! Quel empire sur ses passions ! Où est l'homme, où est » le sage qui sait agir, souffrir et mourir sans faiblesse et sans » ostentation ? Quand Platon peint son juste imaginaire, couvert » de tout l'opprobre du crime et digne de tous les prix de la vertu, » il peint trait pour trait Jésus-Christ. La ressemblance est si » frappante que tous les Pères l'ont sentie, et qu'il n'est pas pos- » sible de s'y tromper. Quels préjugés, quel aveuglement ne » faut-il point avoir pour oser comparer le fils de Sophronisque » au fils de Marie ? Quelle distance de l'un à l'autre ! Socrate, » mourant sans douleur, sans ignominie, soutint aisément jus- » qu'au bout son personnage ; et si cette facile mort n'eût honoré » sa vie, on douterait si Socrate, avec tout son esprit, fut autre » chose qu'un sophiste. Il inventa, dit-on, la morale ; d'autres, » avant lui, l'avaient mise en pratique. Il ne fit que dire ce qu'ils » avaient fait ; il ne fit que mettre en leçons leurs exemples. » Aristide avait été juste avant que Socrate eût dit ce que c'était » que justice ; Léonidas était mort pour son pays avant que » Socrate eût fait un devoir d'aimer la patrie ; Sparte était sobre » avant que Socrate eût loué la sobriété ; avant qu'il eût défini » la vertu, la Grèce abondait en hommes vertueux. Mais où » Jésus avait-il pris chez les siens cette morale élevée et pure,

» dont lui seul a donné les leçons et l'exemple ? Du sein du plus » furieux fanatisme, la plus haute sagesse se fit entendre, et la » simplicité des plus héroïques vertus honora le plus vil de tous les » peuples. La mort de Socrate, philosophant tranquillement avec » ses amis, est la plus douce qu'on puisse désirer ; celle de Jésus, » expirant dans les tourments, injurié, raillé, maudit de tout un » peuple, est la plus horrible que l'on puisse craindre. Socrate, » prenant la coupe empoisonnée, bénit celui qui la lui présente » et qui pleure ; Jésus, au milieu d'un supplice affreux, prie pour » ses bourreaux acharnés. Oui, si la vie et la mort de Socrate » sont d'un sage, la vie et la mort de Jésus sont d'un Dieu.

» Dirons nous que l'histoire de l'Evangile est inventée à plai- » sir ? Ce n'est pas ainsi qu'on invente, et les faits de Socrate, » dont personne ne doute, sont moins attestés que ceux de » Jésus-Christ. Au fond, c'est reculer la difficulté sans la dé- » truire : il serait plus inconcevable que plusieurs hommes d'ac- » cord eussent fabriqué ce livre, qu'il ne l'est qu'un seul en » ait fourni le sujet. Jamais des auteurs juifs n'eussent trouvé » ni ce ton, ni cette morale, et l'Evangile a des caractères de » vérité si grands, si frappants et parfaitement inimitables, que » l'inventeur en serait plus étonnant que le héros. »

Ce ne sont pas là des subtilités de sophistes ; ce ne sont pas des précautions et de l'adresse appelées à l'appui d'un paradoxe ; ce ne sont pas les déclamations d'un rhéteur, c'est le cri de la conscience d'un homme qui, en quelque sorte malgré lui, reconnaît et proclame des vérités que son esprit voudrait rejeter, mais que son cœur est forcé d'admettre.

Si nous trouvons, dans la considération de l'Evangile en lui-même, des preuves ou au moins de graves présomptions de sa divinité, nous en trouvons d'aussi graves en le considérant sous le point de vue de la vérité historique, c'est-à-dire en examinant les preuves que l'on appelle *externes*.

Les livres saints contiennent des prophéties et des miracles ; ils racontent les faits qui ont accompli les prophéties. Ils nous disent que Jésus-Christ est né miraculeusement à l'époque et de la manière annoncées par les prophètes ; ils nous racontent les miracles qu'il a opérés pendant sa vie, les prodiges qui ont accompagné sa mort, sa résurrection, les promesses qu'il fit à ses apôtres de leur envoyer son Esprit-Saint après qu'il serait remonté dans le ciel; son ascension; l'envoi spirituel et divin qui signala la Pentecôte ; la prédication et les miracles opérés par les apôtres ; les conversions nombreuses qui en furent la suite et les conséquences, et qui fondèrent l'Eglise chrétienne.

Tous ces récits, par le nombre de ceux qui les ont faits; par leur comparaison et par leur conformité; par les autres faits qui les ont accompagnés et suivis, et qui sont rapportés par les historiens ordinaires, méritent sans doute autant de confiance que les faits historiques qui sont admis sans contestation par tous les hommes. Si on peut les considérer comme vrais, leur conséquence est, sans aucun doute, la divinité des Ecritures et la vérité de ce qu'elles contiennent. Alors même qu'on hésiterait à les admettre comme vrais et complètement prouvés, il est impossible de leur refuser quelque importance ; leur fausseté n'est pas prouvée, et ils offrent au moins une grave présomption.

Si, ensuite, on considère le sort de l'Evangile, comment il s'est répandu sur la terre, les difficultés qu'il a vaincues, le bien qu'il a produit et celui qu'il peut produire encore, on trouve une preuve de son excellence, qui surpasse tout ce que l'homme peut faire, et qui vient donner une nouvelle présomption de son origine divine.

En invoquant le bien qui a été produit par l'Evangile, je dois faire une observation que j'ai déjà indiquée, et qui doit ici servir de réponse à une objection souvent présentée. On méconnaît le bien opéré par la religion chrétienne ; on rappelle la conduite de ceux qui, en son nom, ont voulu établir leur empire et leur domination, les persécutions, les guerres civiles, et enfin tous les maux auxquels on a joint le mot *religion*. Voici ma réponse :

Le christianisme dont je parle, la révélation que j'invoque, la religion que je présente comme refuge et sauvegarde de la société humaine, est la religion de la Bible, la révélation de la Bible, le christianisme de la Bible, qui, dans les textes non contestés et qui ne peuvent pas l'être, à cause de leur précision et de leur clarté, prescrit à l'homme des règles de conduite conformes à la justice et à la vertu, qui lui défend tout acte d'injustice, tout acte vicieux et criminel, et qui sanctionne sa doctrine et ses préceptes par la promesse, qui sera fidèlement accomplie, de récompenses et de peines pour la vie présente et pour la vie à venir.

Ce n'est sans doute pas dans cette doctrine, dans ces préceptes, dans ces promesses et dans ces menaces, que se trouvent le germe, la cause ou l'occasion des malheureuses actions commises au nom de la religion ; ce n'est pas de l'orgueil, de l'ambition, des guerres, des persécutions qu'elle conseille ou qu'elle commande aux hommes. Dans toutes ces circonstances néfastes, on n'a pas voulu servir Dieu ni la divine religion qu'il a donnée aux hommes, mais on a voulu se servir de Dieu et de cette religion pour des intérêts criminels et personnels.

Les véritables fruits de la religion chrétienne ont été l'abolition de l'esclavage, la réhabilitation de la femme, l'établissement des secours donnés aux malheureux et aux indigents, la conservation des enfants abandonnés, la protection des classes faibles et peu fortunées contre les abus de la force et des grandes fortunes, l'amour du prochain, la résignation dans l'adversité, et la modération dans la prospérité.

Sans doute, ces bienfaits ne se manifestent pas dans tout le monde chrétien, ni pour toutes les personnes chrétiennes ; mais aussi, qui oserait dire que le christianisme est connu, admis et pratiqué dans tous les pays que l'on appelle chrétiens, et par tous ceux qui se qualifient de ce nom? C'était par son introduction parmi les hommes que beaucoup de maux avaient été réparés ou arrêtés. C'est lorqu'on l'a négligé ou abandonné que les maux ont reparu ; c'est en y revenant sérieusement, de bonne foi, et surtout en pratiquant ses maximes , que l'on verra certainement les maux disparaître ou au moins diminuer, et le bien reparaître et augmenter.

Réunissant maintenant les motifs que j'ai présentés dans cette section comme devant nous porter à admettre la divinité de la révélation, et appréciant leur ensemble, je dis :

Il ne s'agit pas d'apporter ici une preuve mathématique que la nature de la question n'admet pas, et que nous n'exigeons et même que nous n'avons jamais dans aucun des motifs qui décident nos actions. Il s'agit donc d'une preuve qui résulte du témoignage de nos sens, de notre conscience, de notre sentiment intime, de l'ensemble de présomptions graves, précises et concordantes. Or, voici les faits d'où résultent ces présomptions.

L'homme éprouvant le besoin évident d'un corps de doctrine et d'une réunion de préceptes pour se conduire sur la terre, et ne pouvant trouver lui-même cette doctrine et ces préceptes, il n'y a sans doute rien d'absurde pour l'esprit, ni de révoltant pour la raison, dans l'idée que Dieu, créateur tout-puissant et conservateur providentiel de l'univers et, par conséquent, de l'homme, ait eu le pouvoir et la volonté de lui donner lui-même un code de lois suffisant pour le conduire à sa destination et à sa fin. La révélation n'est une absurdité ou une impossibilité que pour l'athée et le matérialiste.

L'admirable perfection de tout ce que contient l'Evangile et le reste des Ecritures ne permet pas de les attribuer à l'homme, et porte à le considérer comme l'œuvre de Dieu lui-même.

Si les prophéties, leur accomplissement et les miracles de Jésus-Christ et de ses apôtres, rapportés dans la Bible, sont vrais, on ne peut douter de la divinité du Livre. Or, nous avons, pour la vérité historique des faits bibliques, les mêmes motifs de croyance que pour tous les faits historiques, admis parmi les hommes.

La manière dont l'Evangile s'est répandue dans le monde et les bienfaits qu'il y a apportés sont de nouvelles présomptions de sa divinité.

L'homme ne peut point se passer d'un corps de doctrine aussi complet, dans son ensemble, que forcé et obligatoire dans son exécution ; tout ce qui est émané, jusqu'à présent, de la raison humaine seule est incomplet et insuffisant, et n'a aucune sanction réelle pour en assurer l'exécution. La doctrine évangélique n'a rien d'exorbitant dans ses prescriptions, et présente, au contraire, de grands adoucissements pour le travail et les maux attachés à l'humanité. Voilà encore des présomptions bien graves pour penser qu'il émane de Dieu.

Enfin, il est impossible d'indiquer un seul inconvénient et de signaler aucun danger à adopter la révélation et le christianisme comme l'œuvre de Dieu, et à s'y soumettre; tandis qu'en le repoussant on s'expose aux plus graves dangers et aux plus grands malheurs pour cette vie et pour la vie future.

Que peut-on opposer à ces motifs puissants qui se réunissent pour faire admettre le christianisme comme une émanation de la volonté de Dieu lui-même? Invoquera-t-on, pour dernier moyen, les mystères et les miracles dont il contient l'énonciation ? Dira-t-on que la raison repousse la vérité de ces miracles et de ces mystères, et que, par suite, elle ne peut admettre la vérité du christianisme lui-même qui les proclame ? Il est facile de répondre à cette dernière objection, et voici la réponse :

C'est à notre raison que nous devons soumettre la question de savoir si la révélation est réellement l'œuvre de Dieu. Lorsque cette raison nous répond que la révélation émane réellement de Dieu, nous devons l'adopter comme divine, et, après cette adoption, nous ne pouvons plus soumettre au seul examen de notre raison la question de savoir si elle veut adopter tout ce que cette révélation contient, et qui lui paraît plus ou moins probable, plus ou moins possible. Si c'est l'œuvre de Dieu, tout ce qu'elle contient est vrai, comme Dieu lui-même est vérité.

N'est-ce pas ainsi que nous agissons dans toutes les circonstances de notre vie ? Comprenons-nous comment tout ce qui s'opère dans la nature peut réellement s'opérer ? Comprenons-nous comment l'aiguille aimantée se tourne vers le nord ? Comprenons-nous comment, par le seul effet de notre volonté, nous mettons les diverses parties de notre corps en mouvement ? Comprenons-nous ce qu'est la vie et ce qu'est la mort ? Comprenons-nous la différence qui existe entre un corps en mouvement et un corps immobile ? Et, malgré cela, nions-nous aucune de ces choses, et n'en tenons-nous pas compte dans toutes les actions de notre vie ? Pourquoi donc voudrait-on attribuer à la religion chrétienne ce déplorable privilége, que, pour être admise, il faudrait qu'elle fût prouvée d'une manière toute spéciale et toute différente des autres choses, bien moins nécessaires à l'homme, et que nous adoptons sans aucune espèce d'hésitation ? Une telle prétention est opposée à la justice et à la raison.

C'est donc au christianisme que nous devons avoir recours; c'est à lui que nous devons nous rattacher franchement; c'est là seulement que nous trouverons un remède contre les maux et les dangers qui nous menacent.

CONCLUSION.

Je crois avoir preuvé l'impuissance de la science et de la raison humaine seules pour garantir la société des maux et des dangers qui la menacent.

Je crois aussi avoir prouvé que c'est à la révélation et au christianisme qu'il faut avoir recours, et que c'est là, et là seulement, que cette raison et que cette science trouveront une base certaine pour leurs recherches et leurs développements, et un appui certain pour en assurer le succès.

Mais il ne suffit pas d'avoir fait ces preuves pour atteindre le but que je me suis proposé en composant cet Ecrit. Il faut encore rechercher les moyens de ramener au christianisme ceux qui l'ont abandonné; de réveiller son principe dans l'ame de ceux qui, sans le méconnaître, le laissent dans l'oubli et dans l'inaction; de le faire naître et progresser dans l'ame de ceux qui l'ignorent; de le défendre contre ceux qui l'attaquent; enfin de détruire les doutes et l'incrédulité que l'on cherche à répandre dans les esprits sur sa réalité et sur son excellence. Il faut, si l'on trouve ces moyens, les préciser et les faire connaître. C'est par là que je crois devoir terminer mon travail.

Et, d'abord, quelles sont les principales causes de l'oubli, de la négligence, ou du mépris du principe religieux et chrétien?

Nous trouvons, premièrement, le défaut absolu de l'éducation morale et religieuse pour une assez grande quantité de personnes, et, pour un plus grand nombre, une éducation incomplète et insuffisante.

Il ne faut pas confondre l'éducation dont je parle avec l'instruction. L'instruction comprend tout ce qui concerne les sciences, les lettres, les arts, les professions et les métiers ; l'éducation comprend tout ce qui concerne la conduite et les actions de l'homme dans ses rapports avec Dieu, avec lui-même et avec ses semblables, c'est-à-dire dans tout ce qui se rapporte à la morale. L'éducation est donc, par sa nature et son objet, bien supérieure à l'instruction, et cependant elles sont l'une et l'autre cultivées, organisées, encouragées et propagées en raison inverse et contraire de leur importance. Tout est fait par le Gouvernement et par les citoyens pour favoriser et développer l'instruction, et rien ou presque rien n'est fait pour procurer l'éducation. La plupart des enfants n'entendent parler de religion et de morale que pendant qu'ils suivent l'instruction qui doit les préparer à faire leur première communion, et l'on sait le peu de temps que les ministres du culte peuvent employer auprès de cathécumènes. Lorsque les premières communions sont faites, les enfants ne sont pas portés par eux-mêmes à s'occuper de religion ni de morale, et personne ne les engage, ne les excite, ou ne les contraint à s'en occuper.

Il faut nécessairement apporter remède à ce malheureux état de l'éducation ; il faudrait qu'elle fût donnée par les parents eux-mêmes à leurs enfants, parce qu'elle n'est pas l'affaire d'un moment. Pour être efficace, il faut qu'elle commence aussitôt que l'intelligence de l'enfant commence à se développer, et il faut qu'elle se continue jusqu'au moment où cette intelligence a reçu tout son développement, et où le jeune homme entre dans la société pour y prendre et y occuper une place.

Il faut encore que, dans les lycées, les colléges et les pensionnats, l'éducation morale et religieuse reçoive une organisation toute différente de celle qui existe maintenant. A peine quelques heures du dimanche et du jeudi de chaque semaine sont employées par l'aumônier catholique ou protestant pour donner des leçons aux élèves ou pensionnaires ; tandis que, chaque jour, des classes du matin, des classes du soir, et des études avant, après et entre les classes, sont consacrées à l'instruction. C'est un abus immense; c'est un contre-sens complet. Croit-on donc que l'éducation soit de moindre importance, quant à sa nature et à son étendue, que l'instruction, dans la proportion du temps qu'on y emploie, c'est-à-dire dans la proportion de 15 ou 20 à 1 ?

Ce n'est pas au récit et à l'explication du catéchisme que doit se borner l'éducation ; il lui faut d'autres développements pour la faire pénétrer dans l'ame et dans la conscience des enfants ; il faudrait des exercices nombreux et variés, dans lesquels aux préceptes on joindrait des exemples, dans lesquels des cas nombreux et divers seraient proposés aux élèves, soumis à leurs discussions, et définitivement décidés par le maître. La religion et la morale ne s'apprennent ni promptement ni facilement ; il faut donc donner à l'éducation qui doit les enseigner le temps et les soins qu'elles exigent.

Voilà un premier point sur lequel je crois qu'il y a beaucoup à faire, et sur lequel on peut faire beaucoup. Cela regarde et concerne évidemment le Gouvernement, l'Assemblée législative et les fonctionnaires supérieurs préposés à la direction de l'enseignement.

Une seconde cause qui empêche de prendre le christianisme

pour règle de conduite et d'en suivre les maximes , est la manière dont un trop grand nombre de personnes envisagent la religion et les points capitaux dans lesquels ils la font consister. Ils la considèrent comme une espèce de congrégation , de société, de corps ou de compagnie, dans laquelle on est reçu, dont on se glorifie de faire partie , au maintien et à la prospérité de laquelle on cherche à contribuer. Mais ils ne cherchent nullement à trouver, dans cette association, les moyens d'apprendre pour eux personnellement comment ils doivent se conduire , d'étudier et de rechercher les principes de la morale chrétienne , d'en reconnaître toute l'étendue et tous les développements , de s'avancer et de se perfectionner dans leur pratique ; en un mot , de vivre de la vie chrétienne, dans toute l'étendue de sa qualification.

Une comparaison me paraît ici propre à développer toute ma pensée.

Un poète , un astronome, un chimiste , ou tout autre savant, désire être reçu membre d'une académie ou de toute autre société littéraire ou savante. Est-ce pour s'instruire qu'il désire entrer dans cette académie ou dans cette société ; et , quand il y aura été reçu , y cherchera-t-il les moyens de perfectionner son talent ou sa science? Y cherchera-t-il de nouvelles connaissances ? Non , il n'y cherchera rien de tout cela. Son amour-propre sera satisfait d'appartenir à ce corps savant ; il en fréquentera avec exactitude les séances et les cérémonies ; il en étendra , s'il le peut , la réputation et la renommée , et il le défendra contre les attaques des envieux ou des moqueurs.

Hé bien , il en est de même pour beaucoup de ceux qui prennent le titre de chrétiens , et qui sont considérés comme attachés à la religion qu'ils avouent hautement. Ils font partie d'une communion romaine ou réformée. Ils sont attachés à cette Eglise, ils fréquentent le culte, ils défendent l'Eglise à laquelle ils appartiennent, ils attaquent les autres, ils cherchent à faire des prosélytes ; mais ils ne s'occupent pas de leur vie chrétienne ni de leur sanctification. Ils sont zélés catholiques ou zélés protestants, mais ils ne sont pas vrais chrétiens.

Je rappellerai à ces personnes ces paroles de Jésus-Christ : « Tous ceux qui me disent : Seigneur! Seigneur! n'entreront point » dans le royaume de mon père, mais ceux-là seulement qui » *font sa volonté et qui gardent ses commandements.* » Je leur rappellerai les paroles de l'apôtre saint Jacques : « Que servira-t-il à » un homme de dire qu'il a la foi, s'il n'a point les œuvres ? Cette » foi le pourra-t-elle sauver? L'homme est justifié par les œuvres, » et non par la foi seulement. Comme un corps sans ame est » mort, de même la foi sans les œuvres est morte. » Je leur dirai : Le but capital de la révélation a été d'enseigner aux hommes la manière dont ils devaient se conduire pendant tout le cours de leur vie terrestre. Suivez donc la doctrine, les préceptes et la morale de l'Evangile ; et, avant de vous proclamer catholiques romains, membres de la confession d'Augsbourg ou des Eglises réformées de France, soyez chrétiens, disciples de Jésus-Christ, observateurs de ses préceptes et imitateurs de ses exemples. Je dirai aux ministres des différents cultes chrétiens : Au lieu de dogmatiser perpétuellement dans vos chaires, de critiquer ou d'anathématiser les autres cultes, prêchez la doctrine de Jésus-Christ, qui nous représente Dieu comme amour et charité, qui nous ordonne de l'aimer et d'aimer notre prochain, et qui nous promet, pour cette vie et pour l'autre, des récompenses ou des châtiments, suivant que nous aurons suivi ou méprisé ses instructions et ses commandements.

Une troisième cause qui s'oppose au développement et à l'action de la religion chrétienne, c'est la manière dont la négligent ou semblent la négliger tous ceux qui s'occupent des sciences relatives à l'homme, à sa nature, à sa destination, à sa fin et à sa conduite ; en un mot, tous ceux qui s'occupent des sciences que l'on appelle morales et politiques.

Loin de moi toute idée de censure, de reproche, d'imputation, de supposition ; mais je dois signaler un fait qui existe, qui produit de mauvais résultats, et que je voudrais faire disparaître. Dans les douze Traités de l'académie, qui ont été composés et publiés pour remédier aux maux de l'ordre social, il n'en existe pas un où l'on ait pris pour base, pour principe, ni même pour preuve, la Bible, la révélation ou le christianisme : partout le raisonnement humain, les motifs humains ; nulle part la volonté de Dieu, l'ordre ni le commandement de Dieu. Si l'on parle de la Providence, c'est uniquement pour dire qu'elle veille sur ce monde, qu'elle s'en occupe, et qu'elle peut nous y donner, pour conséquence de nos bonnes actions, du bonheur, et, pour conséquence de nos mauvaises, du malheur ; mais on n'y parle point de la vie future. Si on y parle de religion, c'est de la religion naturelle, créée par la seule raison humaine, et, par conséquent, avec toutes les idées humaines, et jamais de la révélation ni du christianisme. Cet oubli ou cette négligence a une influence immense sur l'esprit des classes inférieures. Elles concluent facilement de ce silence qu'il est le résultat de l'incrédu lité, et elles mettent de l'amour-propre à ne pas paraître plus crédules que les savants distingués dont elles entendent les paroles, ou dont elles lisent les écrits.

Il faudrait donc que tous ceux qui écrivent ou qui parlent sur la morale reconnussent l'excellence de la Bible et sa supériorité sur tout ce qui a été dit et fait à cet égard ; qu'ils la rappelassent dans leurs écrits, et qu'ils engageassent ainsi tous leurs lecteurs à se la rappeler à eux-mêmes et à s'en servir. La répétition fréquente du nom d'une chose, et l'exemple de l'usage que l'on en fait, rendent cette chose recommandable, la rappellent à l'esprit et engagent à s'en occuper.

Une quatrième cause du peu d'usage que les classes ouvrières font en général de la religion chrétienne, est dans l'exemple qu'elles reçoivent des classes riches et haut placées dans l'échelle sociale.

L'instruction a pénétré partout, et tout le monde sait ou saura bientôt lire ; les journaux pénètrent partout, et ils portent dans les 38,000 communes de la France la connaissance de tous les faits politiques qui se projettent et qui s'accomplissent au sein des grands corps du gouvernement, et auxquels prennent part tous ceux qui sont chargés du soin de conduire et de gouverner la France, de lui donner de bonnes lois et de bonnes institutions, et de veiller à sa conservation, à son bonheur et à sa prospérité. Or, quand ceux qui occupent des places plus modestes dans l'ordre social voient, parmi cette élite de la fortune et de l'intelligence humaine, que l'esprit de parti remplace l'amour du pays, que le sentiment d'égoïsme remplace l'amour du prochain, que le mensonge flagrant et évident est mis à la place de la vérité toutes les fois que l'on veut parler du motif qui dirige les actions, que le parjure est commis ouvertement et hautement avoué et justifié, que des alliances monstrueuses se forment entre des partis essentiellement opposés et même ennemis, afin d'en détruire d'autres, et avec le dessein arrêté de détruire ensuite le parti auquel on s'est allié ; quand ils voient les séductions, les vaines promesses, les imputations, les calomnies, les fraudes et mille autres atrocités ou bassesses employées dans les élections, que peuvent-ils penser sur le sentiment religieux de ces personnes auxquelles ils attribuent la science, le discernement et la capacité ? Certainement ils ne peuvent pas croire que ces *sommités sociales*, s'il est permis de les nommer ainsi, reconnaissent la vérité de la révélation et du christianisme, et soient convaincues de la nécessité d'en pratiquer la doctrine et les préceptes. Alors ces classes ouvrières, ces classes peu fortunées, ces classes peu savantes, mais ces classes qui raisonnent, tirent de tout ce qu'elles voient la conséquence que tous ceux qui gouvernent, ou qui contribuent au gouvernement, n'adoptent point les vérités de la religion ni de la révélation, ou bien que s'ils en parlent et qu'ils paraissent les adopter, ils ne les pratiquent point ; enfin, que s'ils les recommandent ou les prescrivent aux autres, c'est uniquement pour s'en servir comme moyen d'imposer et de perpétuer leur autorité et de favoriser leurs projets personnels, parce qu'ils comptent sur la crédulité et la faiblesse de l'esprit et de la raison. Cette conviction, ou seulement cette présomption, une fois introduite dans la pensée des classes ouvrières, leur inspire des préventions irrésistibles contre des principes et des doctrines qu'ils croient méprisés par les autres et employés contre eux.

Si tous ceux qui occupent dans l'état un emploi ou une fonction qui leur donne quelque autorité sur leurs concitoyens, sont convaincus que c'est dans le christianisme seul que l'on peut trouver un remède contre les dangers qui menacent la société qu'ils sont chargés de conduire et de protéger, et si cette conviction leur inspire le désir d'en assurer la propagation et la pratique, il faut absolument et nécessairement qu'ils commencent par l'adopter pour eux-mêmes, et le pratiquer avec constance et persévérance.

Mais ce n'est pas seulement aux fonctionnaires publics, aux législateurs, aux administrateurs, aux magistrats, qu'est imposé le devoir de donner l'exemple de la vie chrétienne, s'ils reconnaissent la vérité de la religion et s'ils désirent en favoriser l'extension : ce devoir est imposé aussi fortement à tous ceux qui, dans la répartition inégale des facultés naturelles, de la science, de la fortune, de la capacité, sont mieux partagés que les autres.

Le reproche le plus grand, et on peut dire le plus séduisant, malgré sa fausseté réelle, que l'on fait à l'ordre social actuel, est cette inégalité de fortune et de conditions ; c'est elle qui inspire la convoitise et l'envie, et ces deux mauvaises passions aveuglent et séduisent presque tous les esprits. C'est dans le christianisme seul que l'on peut trouver un antidote sûr et puissant contre ce poison moral, parce que les obligations qu'il impose aux pauvres pour supporter leur position, et aux riches pour en user, sont également péremptoires, et ont pour motif et pour résultat de concilier les premiers intérêts et les premiers besoins des uns et des autres ; parce que l'appréciation réelle qu'il fait de ces avantages que l'on appelle science, richesse, autorité, pouvoir, est capable de diminuer beaucoup, sinon de détruire tout-à-fait le désir de posséder ces avantages, et la volonté de commettre des actions coupables pour les obtenir ; enfin, parce que dans l'espérance d'une vie future que l'homme peut s'assurer heureuse, quelle que soit sa position sur la terre, se trouve le plus puissant motif de résignation et de patience pour tout ce qui peut lui arriver.

Pour convaincre les autres de la vérité du christianisme, il faut donc commencer par reconnaître soi-même cette vérité, et par le prouver en le pratiquant.

Dans l'état où se trouvent notre société et notre civilisation, ce n'est pas par le bas de l'échelle sociale que la religion, et avec elle la pratique des vertus chrétiennes, peut s'introduire et remonter aux échelons supérieurs. C'est en haut que sont placés tous les objets des désirs des hommes ; c'est là que tous les regards sont portés ; c'est là qu'ils voient science, richesse, pouvoir, toutes choses qui, à leurs yeux, constituent le bonheur souverain, le bonheur parfait ; c'est là qu'ils veulent parvenir à tout prix. Hé bien ! c'est de là que doivent descendre tous les enseignements et tous les exemples de ce que valent, dans la réalité, tous ces biens que l'on envie, des devoirs que leur possession impose, de la conduite que les hommes doivent tenir envers leurs semblables; en un mot, de la soumission à tous les préceptes du christianisme, et de l'espérance dans toutes ses promesses.

Enfin, je signalerai une cinquième cause qui empêche la propagation et l'adoption de la révélation et du christianisme : c'est la manière dont se font la polémique religieuse, la propagande et le prosélytisme entre les diverses communions chrétiennes qui existent en France, soit dans les chaires, soit dans la presse périodique, soit dans les livres.

Depuis long-temps on fait de la controverse ; mais on la fait d'une manière bien moins propre à conduire à la vérité qu'à en éloigner ; bien moins propre surtout à repousser les attaques dirigées contre le christianisme, qu'à les favoriser et à en appeler de nouvelles. En effet, au lieu de rechercher d'abord les points communs de croyances et de pratiques religieuses, pour arriver ensuite graduellement aux points de différences, pour les examiner, pour les comparer, pour les apprécier et pour tâcher de les concilier, on s'est livré à la recherche des points qui paraissaient les plus éloignés ; on les a encore exagérés. On a fait même des imputations et des suppositions ; on a imaginé des intentions, et on est arrivé pour conclusion aux malédictions et aux anathêmes.

Ainsi, pour donner un exemple de cette controverse fausse et dangereuse, je choisis ce qui concerne les images et les reliques.

L'Eglise romaine admet dans ses temples les images de Dieu, de Jésus-Christ, de la vierge Marie et des saints ; elle y admet aussi des reliques de ces saints. On rend des honneurs à ces images et à ces reliques, on se découvre la tête devant elles, on s'y met à genoux, on les montre au peuple ou on les porte processionnellement dans des occasions solennelles ; on attache un grand prix à les toucher ou à les embrasser.

Les Eglises protestantes réprouvent l'usage des images et des reliques ; elles ne les admettent point dans leurs temples, et elles pensent qu'on ne doit leur rendre aucune espèce d'honneur ni d'hommage, et que l'on ne doit y attacher aucune espèce de mérite ni d'efficacité.

Dans la controverse dont je parle, on est parti de cette manière différente de considérer les images et les reliques : d'une part, pour accuser les catholiques romains d'idolâtrie ; et, d'une autre part, pour accuser les protestants de mépris et d'outrages contre les saints et contre leur mémoire.

Voilà la conséquence que tirent la passion, le faux zèle et le fanatisme. Voici la vérité que reconnaît et proclame la charité chrétienne.

Les Conciles et les docteurs de l'Eglise romaine défendent positivement de reconnaître aux images et aux reliques aucune divinité ou vertu, de leur demander aucune grace, et d'y attacher sa confiance; et ils enseignent que le seul effet qu'elles puissent et doivent produire est d'exciter et de rappeler le souvenir des originaux. Il n'y a pas un seul protestant qui repousse l'admission des images et des reliques, et les honneurs qu'on pourrait leur rendre, par haine ou par mépris des saints et des martyrs que représentent les images, ou auxquels ont appartenu les reliques ; mais ils pensent et ils disent que Dieu veut être adoré seul, et que la présence des images et des reliques, et les honneurs qu'on leur rend, peuvent agir d'une manière dangereuse sur l'imagination des personnes qui ne sont ni suffisamment éclairées, ni suffisamment instruites ; qu'elles peuvent les porter à attribuer à ces choses inanimées des qualités et des vertus qu'elles n'ont pas ; qu'elles peuvent les porter à leur rendre un culte qui n'appartient qu'à Dieu, les exciter ainsi à l'idolâtrie, et devenir trop souvent la cause de superstitions dangereuses et funestes.

On peut encore présenter pour exemple l'invocation des saints, admise et recommandée par l'Eglise romaine, tandis qu'elle est repoussée par les Eglises protestantes. La mauvaise controverse trouve là une occasion, d'une part, pour accuser l'Eglise romaine de supposer à d'autres qu'à Dieu le pouvoir d'exaucer les demandes et les prières des hommes, et de s'adresser à d'autres qu'à lui pour obtenir les graces et les bénédictions qu'ils implorent; d'une autre part, pour accuser les Eglises protestantes de mépriser les saints. La controverse sage, véritable, et surtout charitable et chrétienne, n'y voit que ce qui y existe réellement; c'est-à-dire, de la part de l'Eglise romaine, une simple prière d'intercession adressée aux saints, pour qu'ils demandent à Dieu d'accorder aux hommes ce qu'ils sollicitent; et, de la part des Eglises protestantes, le respect scrupuleux de la parole évangélique, qui nous dit *qu'il n'y a qu'un seul Dieu et un seul médiateur entre Dieu et les hommes; savoir: Jésus-Christ*; et de la parole de Jésus-Christ lui-même, disant aux hommes: *Tout ce que vous demanderez à mon Père en mon nom, il vous l'accordera*; et la crainte que l'usage et l'habitude de s'adresser aux saints ne produisent de funestes et dangereux effets sur les personnes peu instruites, en les portant à leur demander directement ce que Dieu seul peut accorder, et à mettre ainsi la créature à la place du Créateur.

Que ces accusations injustes aient été employées dans des temps d'ignorance et de fanatisme, et dans des temps où l'on se servait de la religion comme d'un auxiliaire de la politique, cela peut se concevoir; mais qu'on les emploie maintenant, c'est non-seulement faire une chose vaine et inutile, mais c'est encore faire une chose dangereuse et nuisible. C'est, en effet, d'une part, exciter la haine et les inimitiés entre ceux qui, membres d'Eglises différentes, se rattachent cependant au christianisme, et prennent tous le nom de chrétiens ; c'est, d'une autre part, donner lieu à faire contre le christianisme tous les arguments que nous voyons si souvent répéter, et qui sont appuyés sur la dissidence des diverses Eglises et sur l'opinion que chacune d'elles manifeste à l'égard de la religion de chacune des autres ; c'est autoriser à demander où est le vrai christianisme, à ceux qui veulent en inspirer la croyance, l'amour et la pratique. C'est évidemment mettre obstacle à sa propagation.

Maintenant, si l'on me demande en quoi doit consister la polémique, la propagande et le prosélytisme entre les diverses communions chrétiennes, je vais le dire :

D'abord, j'établis une distinction entre deux choses que l'on confond trop souvent, et qui sont *le christianisme et l'Eglise*, ou, pour parler d'une manière plus vraie et plus précise, *les Eglises*. Le christianisme est la foi ou la croyance dans la religion que Jésus-Christ a apportée aux hommes, et l'adoption de cette religion. Une Eglise est la réunion des chrétiens qui appartiennent à des communautés et à des communions spéciales. Il n'y a et il n'y a jamais eu qu'un seul christianisme, et il y a toujours eu, depuis l'origine du christianisme jusqu'à présent, et il y aura toujours plusieurs Eglises. Dans le commencement, on connut et l'on distingua les Eglises de Jérusalem, d'Antioche, de Corinthe, de Rome, etc. On connaît et on distingue aujourd'hui l'Eglise romaine, l'Eglise grecque, les Eglises protestantes, l'Eglise anglicane, etc. Il y a plusieurs espèces d'Eglises dans le christianisme, il n'y a pas plusieurs espèces de christianisme dans les Eglises ; on est chrétien avant d'être catholique, romain, anglican ou protestant; on ne peut pas être de l'une ou de l'autre de ces Eglises avant d'être chrétien.

Cela posé, je pense que, dans tous les écrits, toutes les prédications et toutes les discussions, on doit s'attacher d'abord à faire des chrétiens, c'est-à-dire à prouver la divinité du christianisme, la vérité de la révélation et la nécessité d'adopter la doctrine et les préceptes de l'Evangile. Voilà la polémique, la propagande et le prosélytisme auxquels on doit se livrer, et qui s'exercent sur ceux qui ne sont pas ou ne veulent pas se reconnaître et se dire chrétiens, et qui, par conséquent, n'appartiennent à aucune Eglise.

A l'égard des chrétiens qui sont membres des autres Eglises, je crois qu'il faut d'abord reconnaître en eux de véritables frères, non pas seulement comme descendants d'un père commun, mais comme chrétiens, et se rachetant comme nous du nom de Christ. Il faut donc bien se garder de les traiter comme des païens, comme des idolâtres, comme des ennemis. Je vais plus loin, je ne crois pas qu'il faille chercher à les enlever à leur Eglise et à les faire entrer dans la sienne. Cependant je ne crois pas qu'il faille s'abstenir de rechercher les différences qui existent entre les diverses communions chrétiennes, de les examiner, de les juger, et de tâcher de faire reconnaître et admettre les motifs que nous avons pour préférer les doctrines de l'Eglise dont nous faisons partie; et voici comment j'établis que ces deux propositions ne sont pas opposées.

Pour apprécier le mérite respectif des opinions de deux Eglises chrétiennes différentes, il faut d'abord reconnaître et constater les points de doctrine sur lesquels elles sont d'accord; et l'on en trouve facilement, car aucune Eglise chrétienne n'a varié sur les points capitaux de la révélation, qui sont la divinité des Saintes-Ecritures, la chute de l'homme, la rédemption par Jésus-Christ, la nécessité d'exécuter les commandements et les préceptes de l'Evangile, la nécessité d'aimer Dieu et son prochain, la résurrection, le jugement dernier, et une vie future de récompense ou de punition, de bonheur ou de peines.

Après avoir ainsi fixé les croyances communes, il faut s'attacher d'abord aux croyances qui diffèrent le moins entre elles, examiner ces différences, et voir si elles existent dans la réalité ou si elles ne sont que le résultat d'équivoques ou de malentendus, pour, dans ce dernier cas, faire disparaître les équivoques, et, dans le premier, essayer une conciliation.

En marchant ainsi des moindres différences aux plus grandes, et en le faisant avec un véritable esprit de bienveillance, d'impartialité, et, disons le vrai mot, dans un esprit de charité et de christianisme, j'ai la conviction que l'on parviendra à s'entendre sur beaucoup de points.

Mais, de ce que l'on se serait ainsi entendu et rapproché, il ne faudrait pas conclure que l'on dût abandonner l'Eglise dont on aurait cru devoir changer ou modifier quelque croyance. Non, ce n'est pas ainsi que l'on devrait agir ; il faudrait que chaque Eglise réformât elle-même les points qui auraient été reconnus susceptibles de réforme ; il faudrait seulement agrandir le cercle des croyances communes, et élargir le terrain sur lequel toutes les Eglises et toutes les communions peuvent se tendre une main d'alliance et de fraternité.

Nous avons un exemple tout récent de cette manière de reconnaître quelques erreurs et d'adopter quelques améliorations. Le Concile provincial de Paris, après avoir examiné l'opinion de quelques personnes sur la part que le clergé romain devait prendre dans la politique, a reconnu qu'il devait y rester étranger; il l'a décidé, et l'archevêque, dans un Mandement bien remarquable sans doute, a développé le décret du Concile. — Dira-t-on que le Concile et l'archevêque ont quitté la communion romaine et ont abandonné leur Eglise, parce qu'ils ont proclamé comme dangereux et répréhensible ce qui, auparavant, avait pu être considéré comme utile et bon à faire? Non, sans aucun doute; mais on dira que ce Concile et ce prélat ont fait disparaître une différence qui existait entre l'Eglise romaine et d'autres Eglises.

Ce n'est donc pas à engager les autres Eglises à abandonner leurs doctrines, leurs statuts et leurs réglements, pour entrer dans la sienne, qu'une Eglise chrétienne doit travailler; mais c'est seulement à amener dans ces autres Eglises la reconnaissance de quelques défauts de ces doctrines, de ces statuts et de ces réglements, et, par suite, à y apporter les changements et les modifications reconnus raisonnables et nécessaires.

J'ai la conviction intime que si toutes les Eglises agissaient ainsi, on verrait successivement s'opérer de bien grands rapprochements; que ce terrain neutre, commun et ami dont j'ai parlé, et qui existe incontestablement entre tous les chrétiens, s'agrandirait de jour en jour, et qu'il deviendrait assez vaste pour que tous y pussent trouver place. Si l'on regarde cette conviction comme une illusion que produit en mon ame le vif désir de la voir se réaliser, au moins devra-t-on convenir que la conduite que je recommande ne serait point capable d'éloigner ceux qui ne reconnaissent pas encore le christianisme, comme les éloignent la conduite opposée et le recours aux malédictions et aux anathêmes, aux injures et aux imputations ; au moins devrait-on espérer de voir un assez grand nombre de personnes s'approcher de ce terrain de bienveillance, où les chrétiens se donneraient des marques d'amour, de charité et de véritable fraternité ; et, touchés de ce spectacle si satisfaisant pour tout cœur droit et honnête, entrer dans ce terrain privilégié, et se réunir à ceux qui s'y trouvent.

Ainsi donc, je crois que, pour marcher vers la propagation du christianisme, pour le faire adopter par le plus grand nombre des citoyens, on peut employer, avec espoir de réussir, les cinq moyens suivants :

1° Il faut s'occuper spécialement de *l'éducation* des enfants et des jeunes gens, et apporter aux lois, aux réglements et aux usages qui régissent cet objet, les changements graves et les améliorations importantes qu'ils exigent.

2° Au lieu de faire consister spécialement le christianisme dans le dogme, dans la discipline et dans les formes du culte des diverses communions et des différentes Eglises, il faut insister particulièrement sur les préceptes et les règles de conduite qui constituent sa divine morale, et il faut essayer de faire des chrétiens avant d'essayer de faire des catholiques romains ou des protestants.

3° Il faut que tous ceux qui parlent et qui écrivent sur les sciences morales et politiques, avec l'intention vraie et désintéressée de servir l'ordre social, ne craignent pas ou ne dédaignent pas d'avoir recours au christianisme et à la révélation, de les prendre pour base et pour point de départ de leurs doctrines, et de les recommander ainsi avec toute l'autorité que leur donnent leur science, leur talent et leur réputation.

4° Il faut que tous ceux qui sont chargés des fonctions de législature, de gouvernement, d'administration et de magistrature, et que tous ceux qui sont distingués ou favorisés par leurs talents ou leurs richesses, donnent eux-mêmes l'exemple d'une adoption complète et d'une exécution fidèle des maximes, des doctrines et des préceptes du christianisme, et qu'ils s'abstiennent des écarts déplorables dont ils offrent de si dangereux exemples.

5° Enfin il faut que toute la polémique et toutes les tentatives religieuses qui se font entre les diverses communions chrétiennes qui existent en France, s'abstiennent d'une manière absolue de toute aigreur, de toute imputation, de toute calomnie, de toute injustice et de toute injure. Il faut qu'elles soient toutes réglées par la charité; il faut qu'elles n'offrent, aux yeux de tous, que le spectacle de l'amour des hommes, excitant les autres hommes à l'amour de Dieu et à l'amour de leurs semblables.

Que faut-il donc pour remplir les conditions que je viens d'indiquer ? Bien peu de choses : de la bonne volonté seulement.

C'est donc à cette bonne volonté des hommes, qui aiment les autres hommes et qui désirent le bonheur de leur patrie, c'est à leur cœur, c'est à leur ame que je m'adresse en terminant, et je leur dis :

Si vous êtes convaincus des dangers qui menacent la société, et si vous désirez y opposer une digue, il ne faut pas rester oisifs ; il faut travailler, mais il faut que votre travail soit fait avec intelligence et avec jugement ; il faut que vous ayez recours à des moyens capables d'agir et de produire d'heureux effets. Jusqu'à présent, on n'a employé que la science et la raison humaines, et elles ont été insuffisantes. Il faut donc avoir recours à l'auteur de toutes choses, au conservateur de l'univers, à la Providence qui le gouverne, aux lois qu'il nous a données, à Dieu, en un mot, et au christianisme qu'il nous a révélé comme la religion que nous devons suivre. Tout se trouve, en effet, dans cette religion divine : origine et nature de l'homme ; destination et fin de l'homme; conduite qu'il doit tenir pendant qu'il est sur la terre ; ses devoirs dans toutes les positions où il peut se trouver ; conséquences pour lui, dans cette vie, de l'accomplissement ou du mépris de ses devoirs ; conséquences plus graves encore dans l'autre vie, à laquelle il est définitivement destiné. C'est un corps complet, sublime, parfait, de lois, de maximes, de préceptes, qui contient, pour sanction et pour contrainte d'exécution, les promesses les plus positives, les menaces les plus formelles, et, par conséquent, l'espérance et la crainte. Si vous ignorez cette religion, étudiez-la; si vous la connaissez, mais que vous doutiez encore, réfléchissez et faites disparaître vos doutes ; si vous croyez, n'hésitez pas à proclamer hautement votre foi et à la manifester par vos œuvres. Malheureusement, il y a un grand nombre de personnes qui sont convaincues de la vérité de la révélation et du christianisme, et qui n'osent pas en convenir. Elles agissent comme des chrétiens, et elles persistent à attribuer à leur seule raison et à leur seule science ce qui, en elles, est le résultat de la religion. Je leur demande pourquoi cette hésitation, pourquoi cette dissimulation, pourquoi cette espèce de honte ? Ah ! ne rougissez pas d'être et de vous dire chrétiens, et vous verrez bientôt que, suivant votre exemple, si l'on rougit, ce sera de n'être pas chrétien. Parents, administrateurs et gouvernement, organisez l'éducation morale et religieuse des enfants, aujourd'hui si malheureusement négligée. Pasteurs, ministres du culte et docteurs, insistez d'abord et fortement sur la partie morale et pratique de la révélation, sur les préceptes et sur les exemples de Jésus-Christ et des apôtres, sur leurs promesses et sur leurs menaces. Ecrivains et orateurs qui cherchez à enseigner les sciences morales et politiques, prenez toujours votre appui sur la révélation, avouez le christianisme, et employez votre science et votre raison à le développer et à le faire pénétrer chez tous vos auditeurs. Fonctionnaires publics, savants et riches, ne vous contentez point d'adopter le christianisme, mais pratiquez-en la morale. Vous êtes placés au haut de l'échelle sociale pour éclairer le monde par vos paroles et par vos actions ; réglez donc les unes et les autres de manière qu'il n'en sorte pas de lueurs sinistres, au milieu desquelles apparaissent les crimes, les vices et les défauts les plus honteux et les plus déshonorants. Pontifes, prêtres, pasteurs, docteurs, écrivains religieux, veillez, avec la plus scrupuleuse attention, sur votre polémique, sur vos prédications, sur votre propagande ; qu'elle soit toujours sévèrement guidée par la charité, dans toute son étendue; cherchez à éclairer et jamais à contraindre ; cherchez à porter ceux que vous croyez dans l'erreur à réformer eux-mêmes cette erreur, tout en restant dans le sein de leur Eglise, et sans les obliger de passer dans la vôtre.

Voilà comment je crois que l'on peut essayer de répandre, d'étendre et de propager le christianisme, et, avec lui, non-seulement d'opposer une barrière solide aux maux et aux dangers qui menacent la société, mais encore de la perfectionner et de la faire parvenir au plus haut degré de bonheur auquel on puisse prétendre sur la terre. Oui, c'est là ma conviction intime; et si quelqu'un me dit que c'est une illusion, je lui réponds qu'il n'y a au moins aucun péril dans cette illusion; que le mal est là; qu'on ne présente aucun autre remède, et que l'immensité du danger mérite au moins qu'on essaie, alors même qu'on douterait du succès.

www.ingramcontent.com/pod-product-compliance
Ingram Content Group UK Ltd.
Pitfield, Milton Keynes, MK11 3LW, UK
UKHW021112200726
13857UKWH00003B/1202